SPIRITUELLE PERSPEKTIVEN

Stichwort EPIDEMIEN

AF185993

SPIRITUELLE PERSPEKTIVEN

Rudolf Steiner lag nichts an Systemen. Sein Wirken bestand vielmehr darin, Impulse zu geben, Impulse zu einem in jeder Hinsicht menschenwürdigen Leben, hier und jetzt.

Dazu gehört, dass er das Bewusstsein dafür zu schärfen suchte, dass unser Sein sich nicht beschränkt auf das gegenwärtige, von Geburt und Tod begrenzte Dasein. Unermüdlich rief er in Erinnerung, dass wir in Wirklichkeit geistige Wesen sind, ebenso wie Erde und Kosmos, in deren Gesamtzusammenhang wir stehen.

Durch seine Schriften und Vorträge ermutigte er dazu, diese verborgene Wirklichkeit ernst zu nehmen. Seine zahllosen Anregungen zielen darauf ab, Geistesgegenwart zu entwickeln, die im Augenblick das Notwendige erkennt und tut. Das kann man, überwältigt oder ratlos angesichts der umfangreichen Gesamtausgabe seiner Werke, leicht vergessen.

Die «Spirituellen Perspektiven» versammeln Kerngedanken zu ganz bestimmten Fragen aus Steiners Gesamtwerk und ermuntern so dazu, das Denken in Bewegung zu setzen und die eigene Erkenntnis- und Handlungsfähigkeit zu vertiefen.

Die kurzen Auszüge erheben keinen Anspruch, ein Thema erschöpfend zu behandeln. Sie versuchen vielmehr, Zugänge zu dem unüberschaubaren Komplex von Steiners Werk zu eröffnen, durch die sich seine außergewöhnliche – auch außergewöhnlich anregende – Ideenwelt auf eigene Faust erschließen lässt.

Die Quellenangaben mögen dabei als erste Wegweiser dienen. Doch auch wer sich mit den hier zusammengetragenen Fragmenten begnügt, wird in diesen eine wertvolle Orientierungshilfe für die heutige, nicht minder komplexe Welt finden.

Rudolf Steiner

Stichwort EPIDEMIEN

RUDOLF STEINER
VERLAG

5. Auflage 2021
Zusammengestellt und herausgegeben von Taja Gut

© 2020 Rudolf Steiner Verlag, Basel
© 1956–2005 Rudolf Steiner Nachlassverwaltung, Dornach

Alle Rechte, auch die des auszugsweisen Nachdrucks,
der fotomechanischen und elektronischen Wiedergabe, vorbehalten.

Einbandgestaltung: Finken & Bumiller, Stuttgart
Satz: Verlag
Druck und Bindung: Floriančič Tisk, Maribor

ISBN: 978-3-7274-4901-7
www.steinerverlag.com

INHALT

EPIDEMIEN UND ANSTECKUNG

Jeder Mensch eine Individualität

Als Grundsatz im tiefsten und bedeutsamsten Sinne muss gelten, dass vor allen Dingen vor uns stehen muss die Individualität des Menschen als eine einzelne Realität, als etwas, was anders ist als jeder andere Mensch.

Bakterien- und Bazillenfurcht

Es wird gewiss – wiederum nicht ganz mit Unrecht, aber auch nur mit einseitigem Recht – von mancher Seite betont, wie diese Schulmedizin geradezu eine Bakterien- und Bazillenfurcht* hervorgerufen hat. Aber auf der anderen Seite hat die Untersuchung dazu geführt, dass die Gesundheitsverhältnisse im Laufe der letzten Jahrzehnte sich gebessert haben. Mit Stolz weist der Anhänger dieser Richtung darauf hin, um wie viel Prozent die Sterblichkeit da oder dort in den letzten Jahrzehnten tatsächlich abgenommen hat. Diejenigen aber, die sagen, dass es nicht so sehr die äußeren Ursachen sind, welche für die Betrachtung der Krankheit wichtig sind, sondern dass es vor allen Dingen die im Menschen liegenden Ursachen sind, sozusagen seine Krankheitsdisposition, sein vernünftiges oder unvernünftiges Leben, die werden wieder besonders betonen, dass in den letzten Zeiten zwar unleugbar die Sterblichkeitsziffern abgenommen haben, dass aber die Krankheitsziffern in einer erschreckenden Weise zugenommen haben. Es wird betont, wie gewisse Krankheitsformen zugenommen haben: Herzkrankheiten, Krebskrankheiten, Krankheitsformen, die in den Schriften der älteren Zeit gar nicht verzeichnet sind, Krankheiten der Verdauungsorgane und so weiter. Diejenigen Gründe, die

---

* Zu Steiners Zeit war umgangssprachlich noch wenig von den – erst um 1890 entdeckten – Viren die Rede; der Begriff «Bazillen» bezeichnet hier nicht nur Bakterien, sondern alle krankheitserregenden Mikroorganismen, also auch Viren.

von der einen oder anderen Seite hervorgebracht werden, sind durchaus beachtenswert. Es kann von einem oberflächlichen Standpunkte aus nicht eingewendet werden, die Bazillen oder Bakterien seien nicht Krankheitserreger furchtbarster Art. Es kann aber auf der anderen Seite auch nicht geleugnet werden, dass der Mensch in gewisser Beziehung entweder gefestigt und gesichert ist gegen Einflüsse solcher Krankheitserreger oder es nicht ist. Er ist es nicht, wenn er sich durch unvernünftige Lebensweise um seine Widerstandskraft gebracht hat.

Früher meinte man, Krankheiten kämen von Gott,
heute sagt man, sie kämen von den Bazillen

Wie hat man zu unterscheiden zwischen einer Krankheit, bei der man äußere Ursachen angeben kann, und einer solchen Krankheit, die voll veranlagt liegt in der menschlichen Organisation selber, so dass man glaubt, was da vorliegt, damit abfertigen zu können, dass man sagt, die Krankheit ist ganz von selbst gekommen, und eine äußere Veranlassung liege nicht vor. – Ganz so stehen ja die Dinge nicht. Aber von gewisser Seite ist es doch berechtigt zu sagen, dass Krankheiten auftreten, für die der Mensch durch sein Inneres besonders disponiert ist. Für zahlreiche Krankheitserscheinungen wird man dagegen doch äußere Ursachen angeben können. Natürlich nicht für alles, was uns passiert, aber für manches, was uns von außen her zustößt, zum Beispiel, wenn wir ein Bein brechen, müssen wir äußere Ursachen ins Feld führen. Auch das müssen wir zu den äußeren Ursachen zählen, was durch die Witterung geschieht, und ebenso die zahlreichen Krankheitsfälle, deren Ursachen in den schlechten städtischen Wohnungen zu suchen sind. Da eröffnet sich uns wieder ein weites Feld. Und für den, der mit Erfahrungen in die Welt blickt, ist es auch jetzt erklärlich, dass die heutige Moderichtung der Medizin dazu kommt, Krankheitsursachen in den äußeren Einwirkungen, besonders in den Bazillen, zu suchen, von denen ein geistreicher Herr nicht mit Unrecht gesagt hat: Heute kommen Krankheiten von den Bazillen,

wie man ehedem gesagt hat, Krankheiten kommen von Gott
oder vom Teufel. Im 13. Jahrhundert sagte man, Krankheiten kommen von Gott, im 15. Jahrhundert sagte man,
sie kommen vom Teufel. Später hieß es dann, sie kommen von den Säften, und heute sagt man, die Krankheiten
kommen von den Bazillen. Das sind die Ansichten, die
sich abgelöst haben im Laufe der Zeiten.

Ängste richten sich nach der gängigen Meinung

In unserer Zeit gibt es bekanntlich eine Furcht, die sich
ganz sinngemäß vergleichen lässt mit der mittelalterlichen Furcht vor Gespenstern. Das ist die heutige Furcht
vor den Bazillen. Die beiden Furchtzustände sind sachlich
ganz dasselbe. Sie sind auch insofern ganz dasselbe, als ein
jedes der beiden Zeitalter, das Mittelalter und die Neuzeit
sich so verhalten, wie es sich für sie schickt. Das Mittelalter hat einen gewissen Glauben an die geistige Welt; es
fürchtet sich selbstverständlich dann vor geistigen Wesenheiten. Die neuere Zeit hat diesen Glauben an die geistige
Welt verloren, sie glaubt an das Materielle, sie fürchtet
sich also vor materiellen Wesenheiten, wenn diese auch
noch so klein sind.

Autoritätsglauben, Gespensterfurcht und Angst vor Bazillen

Besonders muss man sich aber hüten, in irgendeinem Zeitalter darauf Rücksicht zu nehmen, was in dem Zeitalter
gerade als Autorität auftritt. Solange man nicht spirituelle
Einsicht hat, wird man da sehr fehlgehen können.

Das ist insbesondere auf einem Gebiete der Mensch-
heitskultur der Fall, auf dem Gebiete der materialistischen Medizin, wo wir sehen, wie eben das maßgebend
ist, was die Autorität in der Hand hat und immer mehr
und mehr darauf Anspruch macht, wo das auf etwas
hinauslaufen will, was viel, viel furchtbarer, schrecklicher ist als jemals irgendeine Autoritätsherrschaft des
so viel angeklagten Mittelalters. Wir stehen schon heute
darinnen, und das wird noch immer stärker und stärker

werden. Wenn die Leute so furchtbar spotten über die Gespenster des mittelalterlichen Aberglaubens, dann möchte man wohl sagen: Ja, hat sich denn in Bezug darauf etwas besonders geändert? Ist denn diese Gespensterfurcht etwa abgekommen? Fürchten die Leute nicht heute viel mehr Gespenster als dazumal? – Es ist viel schrecklicher, als man allgemein meint, was da vorgeht in der menschlichen Seele, wenn ihr vorgerechnet wird: Da auf der Handfläche sind 60000 Bazillenherde. In Amerika ist ausgerechnet worden, wie viele solcher Bazillen in einem einzigen männlichen Schnurrbart sind. Müsste man sich also nicht doch entschließen zu sagen: Diese mittelalterlichen Gespenster waren wenigstens anständige Gespenster, aber die heutigen Bazillengespenster sind zu knirpshaft, zu unanständige Gespenster, als dass sie die Furcht begründen sollten, die zudem erst im Anfange ist, und die da macht, dass die Menschen gerade hier, auf gesundheitlichem Gebiet, in einen Autoritätsglauben geraten werden, der furchtbar ist.

Bazillen werden am intensivsten durch
materialistische Gesinnung gepflegt

Nun handelt es sich darum, und das ist das Wesentliche, was heute hervorgehoben werden soll, dass Bazillen nur dann gefährlich werden können, wenn sie gepflegt werden. … Bazillen werden am intensivsten gepflegt, wenn der Mensch in den Schlafzustand hinein nimmt nichts anderes als materialistische Gesinnung. Es gibt kein besseres Mittel für diese Pflege, als mit nur materialistischen Vorstellungen in den Schlaf hineinzugehen und von da, von der geistigen Welt, von seinem Ich und Astralleib aus zurückzuwirken auf die Organe des physischen Leibes, die nicht Blut und Nervensystem sind. Es gibt kein besseres Mittel, Bazillen zu hegen, als mit nur materialistischer Gesinnung zu schlafen.

Furcht vor Epidemie schafft besten Nährboden für Bazillen

Das heißt, es gibt noch wenigstens ein Mittel, das ebenso gut ist wie dieses. Das ist, in einem Herd von epidemischen oder endemischen Krankheiten zu leben und nichts anderes aufzunehmen als die Krankheitsbilder um sich herum, indem man einzig und allein angefüllt ist mit der Empfindung der Furcht vor dieser Krankheit. Das ist allerdings ebenso gut. Wenn man nichts anderes vorbringen kann vor sich selber als Furcht vor den Krankheiten, die sich rundherum abspielen in einem epidemischen Krankheitsherd und mit dem Gedanken der Furcht hinein schläft in die Nacht, so erzeugen sich in der Seele die unbewussten Nachbilder, Imaginationen, die durchsetzt sind von Furcht. Und das ist ein gutes Mittel, um Bazillen zu hegen und zu pflegen. Kann man nur ein wenig mildern diese Furcht durch werktätige Liebe zum Beispiel, wo man unter den Verrichtungen der Pflege für die Kranken etwas vergessen kann, dass man auch angesteckt werden könnte, so mildert man auch durchaus die Pflegekräfte für die Bazillen.

Spirituelle Gedanken von entscheidender Bedeutung

Und wahrhaftig mehr als durch alle Mittel, die jetzt von der materialistischen Wissenschaft vorgebracht werden gegen all das, was Bazillen heißt, wahrhaftig mehr, unsäglich reicher für die Menschheitszukunft könnte man wirken, wenn man den Menschen Vorstellungen überlieferte, durch die sie vom Materialismus weggebracht werden und zu werktätiger Liebe vom Geiste aus angespornt werden könnten. Immer mehr und mehr muss sich im Laufe dieses Jahrhunderts die Erkenntnis verbreiten, wie die geistige Welt auch für unser physisches Leben absolut nicht gleichgültig ist, wie sie für die physische Welt ihre durchdringende Bedeutung hat, weil wir in der Tat vom Einschlafen bis zum Aufwachen in der geistigen Welt drinnen sind und da von ihr aus wirksam bleiben für den physischen Leib.

Heilkraft muss durch Gemeinschaft wirken

Man wird sich daran gewöhnen müssen, dass dasjenige, was man direkt als Heilkraft der Geisteswissenschaft zu betrachten hat, wirken muss durch die menschliche Gemeinschaft. Denn man möchte sagen, was hätte es für eine Bedeutung, wenn irgendein einzelner Mensch da oder dort in die geistigen Welten beim Einschlafen hineingeht jedes Mal mit denjenigen Gedanken, die der geistigen Welt zugeneigt sind, und ringsherum sind die anderen, die mit materialistischen Gedanken, materialistischen Empfindungen und Furchtempfindungen – die ja immer mit dem Materialismus zusammenhängen –, Heger und Pfleger der Bazillenwelt sind.

Parasitäre Wesenheiten – Geschöpfe Ahrimans

Was ist sie eigentlich, diese Bazillenwelt? Ja, da kommen wir auf ein Kapitel, über das etwas zu wissen recht wesentlich ist für das menschliche Leben. Wenn wir draußen in der Natur die Luft erfüllt finden mit Vogelgattungen aller Art, das Wasser mit Fischen, wenn wir verfolgen dasjenige, was kriecht über die Erde, was sich auf ihr tummelt und so den äußeren Sinnen zeigt, was da lebt in der Natur, da haben wir es zu tun mit Wesenheiten, von denen wir eigentlich durchaus ganz richtig sprechen, wenn wir sagen: Sie sind doch in irgendeiner Form, selbst dann, wenn sie da oder dort schädlich eingreifen in die Naturwirkungen, sie sind doch Geschöpfe der sich fortentwickelnden Gottheit. In dem Augenblick aber, wo wir auf diejenigen Wesen kommen, die den Wohnplatz ihres Wirkens in anderen lebenden Wesen haben, in Pflanzen, Tieren oder Menschen, da haben wir es zu tun, insbesondere wenn es sich handelt um bazillenähnliche Geschöpfe, die im tierischen oder menschlichen Leibe, namentlich die im menschlichen Leibe sind, da haben wir es allerdings auch zu tun mit Geschöpfen von geistigen Wesenheiten, aber mit Geschöpfen Ahrimans. Und richtig betrachtet man die Anwesenheit solcher Geschöpfe innerhalb unserer Welt, wenn man sich klar darüber ist, dass alle diese Wesenheiten zusammenhängen mit geistigen Tatsachen, mit den Beziehungen des Menschen zu Ahriman. Und diese Beziehungen des Menschen zu Ahriman werden hergestellt, wie wir wissen, durch materialistische Gesinnung oder rein egoistische Furchtzustände. Und richtig betrachtet man das Verhältnis, in dem vorhanden sind solche parasitäre Wesenheiten in der Welt, wenn man sagt: Da wo sich diese parasitären Wesenheiten zeigen, sind sie ein Symptom für das Eingreifen Ahrimans in die Welt.

Bazillen sind nicht Ursache, sondern Anzeichen der Krankheit

Es ist eine der oberflächlichsten Anschauungen, wenn man in der ganzen Flora und, wie wir sehen werden, auch in der Fauna, die im Darm auftritt, die überhaupt im menschlichen Organismus auftritt, so etwas sieht wie die Ursache des Krankseins. Es ist schon wirklich eigentlich schrecklich, wenn man heute an die Prüfung der pathologischen Literatur herangeht und bei jedem Kapitel aufs Neue darauf stößt: Für diese Krankheit ist *der* Bazillus entdeckt, für jene Krankheit ist *der* Bazillus entdeckt und so weiter. Das sind alles außerordentlich interessante Tatsachen für die intestinale Botanik und Zoologie des menschlichen Organismus, aber für das Kranksein hat das keine andere Bedeutung als höchstens die eines Erkennungszeichens, eines Erkennungszeichens insofern nämlich, als man sagen kann: Wenn die oder jene Krankheitsform zugrunde liegt, so ist im menschlichen Organismus die Gelegenheit geboten, dass sich diese oder jene interessanten kleinen Tier- oder kleinen Pflanzenformen auf einem solchen Unterboden entwickeln, aber sonst weiter nichts. Mit der wirklichen Krankheit hat diese Entwicklung der kleinen Fauna und kleinen Flora in einem sehr geringen Maße etwas zu tun, höchstens in einem indirekten Maße.

Aufmerksamkeit auf den Nährboden, nicht auf die Bazillen richten

Man sieht aus der Anwesenheit dieser interessanten Geschöpfe nichts weiter, als dass ein guter Mutterboden da ist, und auf die Betrachtung dieses Mutterbodens hat man selbstverständlich die Aufmerksamkeit zu richten. ... Es kann natürlich geschehen, dass ein gut vorbereiteter Mutterboden durch den Einzug von Bazillen angeregt wird, seinerseits nun auch in irgendwelche Krankheitsprozesse zu verfallen. Aber mit der eigentlichen Betrachtung des Krankseins hat diese gegenwärtige Betrachtung des Bazillenwesens in Wirklichkeit nicht das allergeringste zu tun.

Langer Schlaf prädisponiert für epidemische Krankheiten

Wir sehen im Leben sogenannte epidemische Krankheiten auftreten, Krankheiten, die ganze Menschenmassen ergreifen, die also durchaus eine soziale Angelegenheit zu gleicher Zeit sind. Die gewöhnliche materialistische Wissenschaft studiert sie am menschlichen physischen Organismus. Sie weiß nichts davon, welche ungeheure Bedeutung gerade für Epidemien und für die Dispositionen für epidemische Krankheiten in dem anormalen Verhalten des Menschen zu Wachen und Schlafen liegt. Dasjenige, was im menschlichen Organismus während des Schlafens geschieht, ist etwas, was, wenn es zum Beispiel im Überflusse geschieht, im hohen Grade für sogenannte epidemische Krankheiten prädisponiert. Menschen, die sich durch einen zu langen Schlaf Prozesse im menschlichen Organismus bereiten, die nicht da sein sollten, weil der Schlaf nicht so lange das Wachleben unterbrechen sollte, die sind in ganz anderer Weise für epidemische Krankheiten prädisponiert, und die stellen sich auch in Epidemien in einer ganz anderen Weise hinein.

Nun können Sie von selbst ermessen, was es bedeutet, die Menschen aufzuklären über die richtige Verteilung von Schlafen und Wachen. Das können Sie nicht durch Vorschriften. Sie können allenfalls den Leuten vorschreiben, dass sie ihre Kinder nicht zur Schule schicken, wenn sie Scharlach haben .... – Dennoch ist das wichtiger als die anderen Vorschriften, dass die Menschen, die es nötig haben, sieben Stunden schlafen, die anderen, die es nicht nötig haben, viel kürzer schlafen dürfen und so weiter. Solche Dinge aber, die so intim mit dem Persönlichsten des Menschenlebens zusammenhängen, die haben in großartiger Weise eine soziale Wirkung. Da hängt es tatsächlich von dem Intimsten im Menschen ab, wie die sozialen Auswirkungen geschehen, ob eine größere oder geringere Anzahl diesem oder jenem Beruf entzogen werden, wodurch unter Umständen auf einen ganz anderen Ort eine Wirkung ausgeübt wird, oder nicht. Da greift in der Tat die Hygiene in ungeheurer Weise in das soziale Leben hinein.

Fixierung auf Bazillen lenkt von den primären Krankheitsursachen ab

Es ist in der neueren Zeit immer mehr und mehr die Tendenz wirksam geworden, von den eigentlichen Ursprüngen abzusehen und die Dinge ins Auge zu fassen, die sich an der Oberfläche abspielen. Und mit diesen Dingen, mit diesem Hängenbleiben an der Oberfläche hängt es zusammen, dass man eigentlich heute meistenteils in der landläufigen Medizin, in der landläufigen Pathologie, wenn man anfängt, die Beschreibung irgendeines Krankheitstypus zu lesen oder zu hören, dann unterrichtet wird, was für ein Bazillus eigentlich diese Krankheit hervorruft, was da in den menschlichen Organismus eingezogen ist. Nun ist es natürlich furchtbar leicht, Einwände gegen dieses Einziehen der niederen Organismen zurückzuweisen aus dem einfachen Grunde, weil man ja nicht mehr nötig hat, erst darauf hinzuweisen, dass diese niederen Organismen da sind. Da sie sich auch wirklich in einer spezifischen Gestalt für verschiedene Erkrankungen zeigen, so ist es auch wiederum sehr begreiflich, dass auf diese spezifische Gestalt hingewiesen wird und geradezu ein Zusammenhang zwischen einer Krankheitsform und dieser spezifischen Bakteriengestalt aufgezeigt wird.

Nun tritt schon, rein oberflächlich betrachtet, durch diese ganze Anschauung ein Irrtum ein, der darinnen besteht, dass man eigentlich von dem Primären dabei ganz abgelenkt wird. Denn bedenken Sie nur, wenn im Verlaufe irgendeiner Krankheit in irgendeinem Körperteile Bazillen in größerer Menge auftreten, ist es ja natürlich, dass diese Bazillen Erscheinungen hervorrufen, wie jeder Fremdkörper im Organismus Erscheinungen hervorruft, dass infolge des Vorhandenseins dieser Bazillen allerlei Entzündungen auftreten. Schreibt man nun alles der Wirksamkeit dieser Bazillen zu, so lenkt man die Aufmerksamkeit tatsächlich nur auf dasjenige, was eigentlich die Bazillen machen. Man lenkt dabei aber diese Aufmerksamkeit ab von dem eigentlichen Ursprung der Erkrankung. Denn jedes Mal, wenn im Organismus niedere Organismen einen geeigneten Boden für ihre Entwicklung finden, so ist eben dieser geeignete Boden durch die eigentlichen primären Ursachen schon geschaffen. Auf dieses Gebiet der primären Ursachen muss einmal die Aufmerksamkeit gelenkt werden.

Verwechseln von Ursache und Wirkung

Derjenige, welcher genötigt ist durch seine Erkenntnisse, darauf aufmerksam zu machen, dass für Krankheiten, in deren Begleitung Bazillen oder Bakterien auftreten, als primäre Ursachen tiefere Ursachen vorhanden sind als eben das Auftreten der Bazillen, der behauptet ja noch nicht, dass die Bazillen nicht da seien. Es ist durchaus etwas anderes, zu behaupten, die Bazillen sind da und sie treten im Gefolge der Krankheit auf, als die primäre Ursache bei den Bazillen zu suchen. ...

Ich sehe eine gewisse Landschaft, da sind sehr viele außerordentlich schöne Rinder, wohl gepflegt. Ich frage nun: Warum sind denn da diese Lebensverhältnisse in der Gegend? Sie kommen von den schönen Rindern. Ich erkläre die Lebensverhältnisse dieser Gegend, indem ich erkläre, es sind da schöne Rinder eingezogen von irgendwoher; die haben sich da ausgebreitet. – Das werde ich nicht tun, nicht wahr, sondern ich werde die primären Ursachen untersuchen, den Fleiß und das Verständnis der Leute, und das wird mir erklären, warum auf diesem

Boden diese schönen Rinder sich entwickeln. Aber ich würde eine oberflächliche Erklärung abgeben, wenn ich bloß sagen würde: Hier ist es schön, hier lebt es sich gut, weil da schöne Rinder eingezogen sind.

Primäres und Sekundäres

Wenn man die heutige allopathische Medizin überschaut, so sieht man überall bei ihr dasjenige, was auf ihrem Weg kommen muss, die Hintendenz zur Beurteilung des kranken Menschen nach gewissen Nebenwirkungen der Krankheit, die in der Bazillentheorie zum Vorschein kommt, das Ablenken auf das Sekundäre. Wenn man die Bazillennaturgeschichte bloß zu Hilfe nähme für das Erkennen, so würde sie ja außerordentlich nützlich sein. Man kann viel aus der Bazillenart erkennen für dasjenige, was da ist, weil eben eine gewisse Bazillenart immer auftritt unter dem Einfluss ganz gewisser primärer Ursachen. Dass man das sehen kann, dazu ist immer genügend Gelegenheit gegeben. Aber in diesem Hintendieren, das Sekundäre für das Primäre zu nehmen, zum Beispiel die Wirkung der Bazillen anzuschauen auf die menschlichen Organe, statt den menschlichen Organismus anzuschauen, inwiefern er ein Träger der Bazillen werden kann, ist dasjenige, was nicht nur in der Bazillentheorie in der allopathischen Medizin zum Vorschein kommt, sondern in der ganzen anderen Betrachtungsweise schon drinnen liegt und dadurch ihre Schädigungen bewirkt, die ich ja vielen von Ihnen im Einzelnen nicht aufzuzählen brauche, weil Sie sie ja vielfach werden bemerkt haben.

Bazillen sind überall, aber wo ein Krankheitsherd ist,
fühlen sie sich wohl

Wir wechseln immer ab, indem wir einatmen, mit der Lebensluft, und indem wir ausatmen, mit der Todesluft. Fortwährend ist in uns Leben und Sterben. Und sehen Sie, es ist nun interessant, wie dieses Leben und Sterben überhaupt in den Menschen hereinkommt. Damit Sie das begreifen, mache ich Sie aufmerksam darauf, dass ja in der ganzen Natur überall kleinwinzige Lebewesen vorkommen, Bakterien, Bazillen. Jedes Mal, wenn wir durch die Luft gehen, fliegen in der Luft unzählige solche Lebewesen herum.

Wenn wir irgendeinen Muskel aus einem Tiere nehmen, leben darinnen unzählige kleine Lebewesen. Ja, diese kleinen Lebewesen, die haben die Eigenschaft, dass sie sich riesig vermehren. Kaum ist irgendwo eines da, so können, gerade von den kleinsten, Millionen schon da sein; sie vermehren sich riesig. Darauf beruhen ja die sogenannten Infektionskrankheiten. Nicht dass etwa diese kleinsten Lebewesen die Krankheit bewirken, sondern wenn irgend etwas in uns krank ist, dann fühlen sich diese kleinen Lebewesen wohl. Wie die Pflanze im Mist, so fühlen sich diese kleinen Lebewesen in den erkrankten Organen in uns wohl. Sie halten sich dort gerne auf. Derjenige, der behauptet, dass von den kleinen Lebewesen die Krankheiten kommen, der zum Beispiel sagt: Die Grippe kommt von dem Grippebazillus und so weiter, der ist natürlich geradeso gescheit, als wenn einer sagt, der Regen kommt von den Fröschen, die quaken. Natürlich, wenn der Regen kommt, quaken die Frösche, weil sie es spüren, weil sie ja in dem Wasser sind, das angeregt ist durch dasjenige, was den Regen bewirkt. Aber die Frösche bringen nicht den Regen. Ebenso bringen die Bazillen nicht die Grippe; aber sie sind da, wo die Grippe ist, geradeso wie die Frösche auf eine unerklärliche Weise hervorkommen, wenn der Regen kommt.

Also man darf nicht auf der einen Seite sagen, dass einem die Bazillenuntersuchung nichts nützt. Sie nützt einem so viel, dass man weiß, dass der Mensch der Krankheit ausgesetzt ist, wie man weiß, dass die Frösche quaken, wenn es regnet. Also man darf nicht das Kind mit dem Bad ausschütten und sagen, die Bazillen zu untersuchen sei unnötig. Aber man muss auf der anderen Seite wissen, dass die Bazillen nicht die Krankheit machen. Sonst wird man niemals richtig erklären, wenn man immer nur sagt: Für die Cholera gibt es die Bazillen, für die Grippe gibt es die Bazillen und so weiter. Das ist natürlich nur eine Faulenzerei dafür, dass die Leute die wirklichen Krankheitsursachen nicht untersuchen wollen.

Cholerabazillus kann nur im Gedärm des Menschen leben

Nun aber, wenn Sie solche Bazillen, also solche kleinwinzigen Lebewesen nehmen, und sie von dort wegnehmen, wo sie sind, dann können sie nicht mehr leben. Sie können zum Beispiel nicht einen Cholerabazillus aus dem menschlichen Gedärm herausnehmen und irgendwo beliebig leben lassen. Das können Sie nicht. Er kann nur im menschlichen Gedärm oder im Gedärm von Ratten und dergleichen leben. Also diese kleinwinzigen Lebewesen, die brauchen, damit sie leben können, immer eine gewisse Umgebung.

Nun, warum ist denn das? Das ist nämlich eine sehr wichtige Sache, dass diese kleinsten Lebewesen eine ganz bestimmte Umgebung haben. Sehen Sie, in demselben Moment, wo, sagen wir, der Cholerabazillus im menschlichen Gedärm sich aufhält, da wirkt auf ihn zum Beispiel die Schwerkraft nicht so stark, als wenn er draußen ist, und die Schwerkraft der Erde ruiniert ihn gleich, den Cholerabazillus, wenn er aus seinem Element draußen ist. …

Dieser Cholerabazillus, der muss also im Gedärm des Menschen leben. Alle diese Bazillen müssen irgendwo leben, wo sie geschützt sind vor der Erde. Was heißt denn das aber: Sie sind geschützt vor der Erde? Das heißt, etwas anderes als die Erde wirkt auf sie ein. Und tatsächlich ist es so, dass auf alle diese Lebewesen der Mond einwirkt, so sonderbar das ist, dass das Mondenlicht, das also bald so, bald so auf die Erde hinscheint, solche Wirkungen haben soll. Das ist schon so: Diese Lebewesen müssen geschützt sein vor der Erde, damit sie sich dem Kosmos, der großen Welt, und hauptsächlich dem Mondeneinfluss hingeben können.

Zu viel Eiweiß macht anfällig für ansteckende Krankheiten

Der menschliche sowie auch der tierische Körper brauchen nicht nur die Kräfte, die sie in sich haben, um Eiweiß zu erzeugen, denn jeder lebende Körper erzeugt eben Eiweiß, sondern sie brauchen auch das Eiweiß, das durch die Pflanze ganz selbständig bereitet wird. Der menschliche Körper nimmt ja auch das tierische Eiweiß auf. In Bezug auf dieses Eiweiß hat ja gerade die Wissenschaft in der allerneuesten Zeit im Grunde eine große Blamage durchgemacht; denn es ist noch vor zwanzig Jahren überall gelehrt worden, dass der Mensch im Tage mindestens 120 Gramm Eiweiß in sich aufnehmen müsse, damit er gesund bleibe. Und so hat man die ganze Ernährung so eingerichtet, dass man diejenigen Speisen vorgeschrieben hat, die man essen soll, um die nötige Menge Eiweiß in den Körper zu bekommen. Man hat also geglaubt, 120 Gramm seien nötig.

Heute ist ja die Wissenschaft von dieser Ansicht gänzlich zurückgekommen. Sie weiß heute, dass wenn der Mensch so viel Eiweiß isst, er da nicht nur seinem Gesundsein nicht dient, sondern direkt seinem Kranksein dient, weil der größte Teil Eiweiß im menschlichen Darmorganismus fault. So dass also der menschliche Organismus dadurch, dass er im Tag 120 Gramm Eiweiß verzehrt, fortwährend etwas wie faulende Eier im Darm hat, die den Darminhalt furchtbar verunreinigen und die Gifte ausschwitzen, die dann in den Organismus, in den Körper übergehen und nicht nur das im Körper leicht erzeugen, was dann im späteren Alter zur sogenannten Arterienverkalkung führt – die meiste Arterienverkalkung kommt nämlich von zuviel genossenem Eiweiß –, sondern was auch den Menschen außerordentlich leicht ansteckbar macht für alle möglichen ansteckenden Krankheiten. Der Mensch ist um so weniger der Ansteckungsgefahr für Krankheiten ausgesetzt – die nötige Menge muss er haben –, je weniger er Überfluss an Eiweiß zu sich nimmt. Wer viel Eiweiß zu sich nimmt, bekommt leichter die ansteckenden Krankheiten, Diphtherie, Blattern, Pocken, als ein Mensch, der nicht so viel Eiweiß zu sich nimmt.

Es ist ja sehr eigentümlich, dass man heute von Seiten der Wissenschaft lehrt, nicht 120 Gramm Eiweiß seien nötig, sondern nur 20 bis 50 Gramm. Das ist diejenige Ration, sagt man, die der Mensch eigentlich täglich nötig habe. So schnell hat sich die Wissenschaft in Bezug auf ihre Ansichten in zwei Jahrzehnten geändert. Sie sehen also, wie viel eigentlich darauf zu geben ist, wenn irgend etwas sozusagen wissenschaftlich festgestellt ist. Denn passiert es Ihnen zufällig, dass Sie sich über diesen Gegenstand unterrichten sollen, und Sie nehmen ein Konversationslexikon in die Hand, das zwanzig Jahre alt ist, dann lesen Sie in dem betreffenden Kapitel, Sie müssten 120 Gramm Eiweiß haben; bekommen Sie eine spätere Auflage in die Hand, dann lesen Sie: 20 bis 50 Gramm, und wenn Sie mehr hätten, würden Sie überhaupt krank davon. Sie sehen also, wie es im Grunde genommen mit den wissenschaftlichen Wahrheiten eigentlich steht. Man wird unterrichtet darüber, was man für wahr oder falsch anzusehen hat, je nachdem, welche Auflage des Konversationslexikons man in die Hand bekommt.

Schmerzen, die den Tieren zugefügt wurden, verkörpern sich als parasitäre Krankheitserreger

Nun, die okkulte Forschung lehrt uns, dass jeder Schmerz, jeder Tod, den der Mensch den Tieren zufügt, dass diese alle doch wiederkehren und auferstehen, nicht durch Reinkarnation, sondern weil den Tieren Schmerzen und Leiden zugefügt wurden. Diese Schmerzen, diese Leiden rufen die Tierheit wieder hervor. Die Tiere, denen Schmerz zugefügt wurde, werden zwar nicht in derselben Form wiedererstehen, aber das, was in ihnen Schmerz fühlt, das kommt wieder. Es kommt so wieder, dass die Schmerzen der Tiere ausgeglichen werden, so dass jedem Schmerze sein gegenteiliges Gefühl hinzugefügt wird. Diese Schmerzen, diese Leiden, dieser Tod, sie sind die Saat, die der Mensch gestreut hat; sie kommen so wieder, dass jedem Schmerze sein gegenteiliges Gefühl zugefügt wird in der Zukunft. Um ein konkretes Beispiel zu gebrauchen: Wenn die Erde vom Jupiter ersetzt sein wird, dann werden die Tiere in ihrer heutigen Form zwar nicht erscheinen, aber ihre Schmerzen und Leiden werden auferwecken die Empfindungskräfte der Schmerzen. Sie werden leben in den Menschen und sich in den Menschen verkörpern als parasitäre Tiere. Aus den Empfindungen und Gefühlen dieser Menschen heraus wird der Ausgleich geschaffen werden zu ihren Schmerzen. Das ist die okkulte Wahrheit, die man objektiv und ungeschminkt sagen kann, wenn es auch dem heutigen Menschen nicht angenehm ist. Der Mensch wird es einmal erleiden, und das Tier wird in einem bestimmten Wohlgefühl, in einer guten Empfindung den Ausgleich seiner Schmerzen haben. Das geschieht auch langsam und allmählich schon im Laufe des gegenwärtigen Erdenlebens, so sonderbar es scheint. Warum werden denn die Menschen gequält von Wesen, die eigentlich weder Tiere noch Pflanzen sind, sondern zwischen beiden stehen, die ein Wohlgefühl daran haben, wenn der Mensch leidet, von Bazillenarten und dergleichen Geschöpfen? Dieses Schicksal haben sie in früheren Inkarnationen dadurch, dass sie Leiden und Tod den Tieren zugefügt haben, sich geschaffen. Denn das Wesen, wenn es auch nicht in derselben Form erscheint, das empfindet hinüber über die Zeiten und empfindet den Ausgleich der Schmerzen in den Leiden, die der Mensch erfahren muss. So ist alles dasjenige, was an Leiden und Schmerzen geschieht, durchaus nicht ohne Folgen. Es ist eine Aussaat, aus der dasjenige hervorgeht, was durch Schmerz und Leid und Tod bewirkt worden ist. Es kann kein Leid, kein Schmerz, kein Tod geschehen, ohne dass dadurch etwas bewirkt wird, was später aufgeht.

Zivilisationsschrott als Krankheitskeime

Wenn Sie durch die Straßen einer Stadt gehen und da die Scheußlichkeiten an den Anschlagsäulen und in den Schaufenstern vor die Seele geführt bekommen, übt das einen schaurigen Einfluss aus. Die materialistische Wis-

senschaft hat keine Ahnung davon, wie viel an Krankheits-
keimen in diesen Scheußlichkeiten liegt. Man sucht bloß
die Krankheitserreger in den Bazillen und weiß nicht, wie
auf dem Umwege durch die Seele Gesundheit und Krankheit in den Körper geführt werden. Hier wird erst eine
mit der Geisteswissenschaft bekannte Menschheit wissen,
welche Bedeutung es hat, wenn der Mensch diese oder
jene bildlichen Vorstellungen in sich aufnimmt.

In Kinderkrankheiten wie Scharlach und Masern kämpft die
Individualität mit dem vererbten Körper

Beine haben nur einen Sinn, wenn durch sie die Anziehungskräfte der Erde gehen, wenn wir die Beine hinein-
bringen in die Anziehungskräfte der Erde, Beine haben
nur für die Erde eine Bedeutung, ebenso Arme und Hände.
Also ein ganzer Teil der Organisation hat nur einen Sinn,
so wie er ausgebildet wird, wenn wir Erdenmenschen
sind. Was wir sind als Erdenmenschen, hat keinen Sinn
gegenüber dem Kosmos. Daher, indem wir ankommen
auf der Erde als geistig-seelische Wesen, wollen wir eben
eine ganz andere Organisation bilden. Wir wollen einen
Umkreis bilden, wir wollen in diesem Umkreis allerlei
Konfigurationen hervorrufen, aber wir wollen nicht diesen Menschen, mit dem man im Kosmos nichts anfangen
könnte. Der wird uns nun als Modell gegeben und wir
richten den zweiten Menschen nach diesem Modell ein.

Daher hat man es zu tun in dieser ersten Lebenszeit
des Menschen mit einem fortwährenden Kampf des-
jenigen, was von uns aus dem vorigen Leben kommt
und demjenigen, was aus der Vererbungsentwicklung
kommt. Das kämpft miteinander. Der Ausdruck dieses
Kampfes sind die Kinderkrankheiten. Und denken Sie
nur, wie innig verbunden das ganze menschliche innere
seelisch-geistige Sein während der ersten Kindheit mit
der physischen Organisation ist. So wie Sie sehen, wenn
die zweiten Zähne herauskommen, wie der zweite Zahn
den ersten noch abstößt, wie sie miteinander noch wirt-
schaften, so wirtschaftet der ganze zweite Mensch mit

dem ersten. Nur im zweiten Menschen ist der überirdische Mensch darinnen, im ersten ein fremdartiges irdisches Modell. Die arbeiten ineinander. Und wenn Sie das Ineinanderarbeiten in der richtigen Weise beobachten, sehen Sie dann nur einmal, wie der innere Mensch, der als geistig-seelischer im vorirdischen Dasein da war, wenn der für eine Zeitlang eine zu starke Oberhand hat, wie der besonders stark ins Physische hineinarbeiten, nach dem Modell sich stark richten muss und wie er dann dieses verletzt, indem er überall anschlägt und sagt: Ich will diese Form herauskriegen – dann stellt sich der Kampf als Scharlach heraus. Ist der innere Mensch so zart, dass er fortwährend zurückweicht, dass er die Substanzen, die aufgenommen werden, mehr nach sich formen will, und bekämpft er das Modell, so stellt sich der Kampf als Masern heraus. Und so drückt sich gerade dasjenige, was ein gegenseitiger Kampf ist, in den Kinderkrankheiten aus.

In der Medizin ist mit dem Verstand nichts zu begreifen

Dass die Leute heute alles begreifen wollen mit dem Verstand, ist das Entsetzlichste. Man kann in der Medizin überhaupt nichts begreifen mit dem Verstand. Mit dem Verstand könnte man höchstens begreifen die Krankheiten der Mineralien, und die kuriert man ja nicht. Alles, was Medizinisches ist, muss man mit der unmittelbaren Anschauung ergreifen, dazu muss sie erst ausgebildet sein.

Schutz vor Ansteckung: Erkrankten mit so wenig Furchtgefühlen begegnen wie einem Stein oder Strauch

Man kann sagen, dass die Ansteckungsgefahr doch eine außerordentlich starke ist bei der Pockenerkrankung. Nur sollte man nicht so leichtsinnig sein, just immer gleich an physische Vermittlung zu denken bei der Übertragung, sondern es sind sogar bei der Pockenerkrankung besonders stark vorliegend die psychischen Anlagen.

Dafür könnte ein Beweis der sein, dass man sich sehr gut schützen kann, wenn man in der Lage ist, sich in rechter Art abzuschließen. Ich darf darüber deshalb sprechen, weil ich einmal als zweiundzwanzigjähriger Mensch – die Umstände brauche ich nicht zu erwähnen – einen Schüler unterrichtet habe, dessen Mutter mit schwarzen Pocken unmittelbar daneben lag, nur durch eine spanische Wand getrennt von der Stube, in der ich meinen Unterricht gab. Ich habe nichts dagegen gemacht, habe den Unterricht die ganze Zeit fortgesetzt, bis die Mutter wieder gesund geworden ist. Aber ich habe das ganz gern getan, namentlich auch, um zu sehen, wie man sich schützen kann, wenn man absolut den Pockenkranken, also auch den an schwarzen Pocken Erkrankten, nimmt ganz objektiv wie ein anderes Objekt, wie einen Stein oder einen Strauch, dem gegenüber man gar keine weiteren Furchtgefühle noch sonst psychische Regungen hat, sondern ihn nimmt als eine objektive Tatsache. Da ist in der Tat der Ansteckungsgefahr in hohem Maße zu begegnen. Daher kann schließlich der psychische Faktor auch bei der Ansteckung stark mitspielen.

Ich habe mich überhaupt niemals davor gescheut, irgendwie mich selber einer Ansteckungsmöglichkeit auszusetzen, und bin eigentlich nie angesteckt worden, habe nie unter Ansteckung einer Krankheit gelitten. Ich konnte dadurch gerade feststellen, dass schon einfach das Bewusstsein, das starke Bewusstsein von dem Dasein einer Krankheit vom Astralleib aus Krankheitsursache sein kann. Das starke Bewusstsein einer Krankheit kann vom Astralleib aus Krankheitsursache sein.

Kein Fanatismus in der Frage des Impfens

Und die Pockenimpfung? Da ist man in einem eigentümlichen Fall. Sehen Sie, wenn man jemand impft, und man hat den Betreffenden als Anthroposophen und erzieht ihn anthroposophisch, so schadet es nichts. Es schadet nur denjenigen, die mit vorzugsweise materialistischen Gedanken heranwachsen. Da wird das Impfen zu einer Art ahrimanischer Kraft; der Mensch kann sich nicht mehr erheben aus einem gewissen materialistischen Fühlen. Und das ist doch eigentlich das Bedenkliche an der Pockenimpfung, dass die Menschen geradezu mit einem Phantom durchkleidet werden. Der Mensch hat ein Phantom, das ihn verhindert, die seelischen Entitäten so weit loszukriegen vom physischen Organismus wie im normalen Bewusstsein. Er wird konstitutionell materialistisch, er kann sich nicht mehr erheben zum Geistigen. Das ist das Bedenkliche bei der Impfung. Natürlich handelt es sich darum, dass da die Statistik immer ins Feld geführt wird. Es ist die Frage, ob eben gerade in diesen Dingen auf die Statistik so viel Wert gelegt werden muss. Bei der Pockenimpfung handelt es sich sehr stark um etwas Psychisches. Es ist durchaus nicht ausgeschlossen, dass da der Glaube, dass die Impfung hilft, eine unberechenbar große Rolle spielt. Wenn man diesen Glauben durch etwas anderes ersetzen würde, wenn man naturgemäß erziehen würde die Menschen, so dass sie beeindruckbar wären durch etwas anderes als dadurch, dass man sie impft, etwa dadurch, dass man die Menschen wiederum an den Geist näher heranbrächte, so wäre es durchaus möglich, dass man gegen das unbewusste Hereindringen: hier ist Pockenepidemie! – durch vollständiges Bewusstsein davon: hier ist ein Geistiges, wenn auch ein unberechtigtes Geistiges, gegen das ich mich aufrechthalten muss! – ebenso gut wirken würde, wie man überhaupt den Menschen stark machen müsste gegen solche Einflüsse.

Wenn die Verhältnisse so liegen, wie zum Beispiel in unserer Gegend, wo die Einwirkung durch die Erziehung und so weiter sehr schwierig ist, wie soll man sich da verhalten?

Da muss man eben impfen. Es bleibt nichts anderes übrig. Denn das fanatische Sichstellen gegen diese Dinge ist dasjenige, was ich, nicht aus medizinischen, aber aus allgemein anthroposophischen Gründen, ganz und gar nicht empfehlen würde. Die fanatische Stellungnahme gegen diese Dinge ist nicht das, was wir anstreben, sondern wir wollen durch Einsicht die Dinge im

Großen anders machen. Ich habe das immer, wenn ich mit Ärzten befreundet war, als etwas zu Bekämpfendes angesehen, zum Beispiel bei Dr. Asch, der absolut nicht geimpft hat. Ich habe das immer bekämpft. Denn wenn er nicht impft, so impft eben ein anderer. Es ist ein völliges Unding, so im Einzelnen fanatisch vorzugehen.

Unterscheidung von primärer Entstehung und Ansteckung
am Beispiel der Tuberkulose

Nun, Ansteckung ist deshalb doch ein gültiger Begriff auf diesem Gebiete, denn derjenige, der in einem höheren Grade tuberkulosekrank ist, wirkt schon auf seine Mitmenschen. Und wenn man dem ausgesetzt ist, in dem der Tuberkulosekranke drinnen lebt, so tritt eben das ein, dass, was sonst bloß Wirkung ist, wiederum zur Ursache werden kann. Ich versuche immer mit einem Vergleich, mit einer Analogie diese Beziehung zwischen dem primären Entstehen einer Krankheit und der Ansteckung klarzumachen, indem ich etwa sage: Nehmen wir an, ich treffe auf der Straße einen Freund, dessen menschliche Beziehungen mir sonst nicht nahe liegen. Er kommt traurig, er hat einen Grund, traurig zu sein, denn es ist ihm ein Freund gestorben. Ich habe keine direkten Beziehungen zu dem Freunde, der ihm gestorben ist. Indem ich ihm aber begegne und er mir seine Traurigkeit meldet, werde ich mit ihm traurig. Er wird traurig durch die direkte Ursache, ich durch eine Ansteckung. Aber dabei bleibt es doch richtig, dass nur die gegenseitige Beziehung zwischen mir und ihm die Voraussetzung zu dieser Ansteckung ist.

Also die beiden Begriffe: primäres Entstehen und Ansteckung, haben durchaus ihre Berechtigung, und sie haben insbesondere bei der Tuberkulose eine starke Berechtigung. Nur sollte man sie im rationellen Sinne wirklich verwenden. Die Tuberkuloseanstalten sind ja manchmal gerade Brutanstalten für die Tuberkulose. Wenn man die Tuberkulösen schon zusammenpfercht in Tuberkuloseanstalten, so sollte man diese Tuberkuloseanstalten, soviel man kann, immer wiederum abbrechen und durch andere ersetzen. Nach einer bestimmten Zeit sollten Tuberkuloseanstalten eigentlich immer entfernt werden. Denn das ist das Eigentümliche, dass die Tuberkulösen selber die allergrößte Anlage haben, angesteckt zu werden, das heißt, dass ihre vielleicht sonst ausbesserbare Krankheit vielleicht schlimmer wird, wenn sie in der Nähe von schwereren Tuberkulosekranken sind.

Sonnenlicht vernichtet Tuberkulosebazillen

Ich weiß nicht, ob viele unter Ihnen sind, die noch miterlebt haben, wie außerordentlich grässlich es geworden ist, als vor einiger Zeit die lächerlichsten Spuckverbote überall geherrscht haben. Durch diese Spuckverbote wollte man die Tuberkulose, wie Sie wissen, bekämpfen. Nun, diese Spuckverbote sind aus dem Grunde lächerlich, weil jeder wissen sollte, dass schon das allergewöhnlichste diffuse Sonnenlicht in der kürzesten Zeit die Bazillen, die Tuberkelbazillen tötet, so dass also, wenn Sie ein Sputum nach einiger Zeit, nach ganz kurzer Zeit untersuchen, keine Tuberkelbazillen mehr drinnen sind. Das Sonnenlicht tötet sofort diese Bazillen. So dass also, selbst wenn die Voraussetzung der gewöhnlichen Medizin richtig wäre, selbst dann noch dieses Spuckverbot etwas außerordentlich Lächerliches sein würde. Solche Verbote haben höchstens einen Sinn für die ganz gewöhnliche Reinlichkeit, aber nicht für die Hygiene im weitesten Sinne.

Aber für den, der nun wiederum anfängt, Tatsachen richtig zu werten, hat das eine sehr, sehr große Bedeutung, denn es weist uns ja darauf hin, dass der Angehörige der Tuberkel-Fauna oder -Flora, der Bazillus, am Sonnenlicht sich nicht halten kann. Er kann sich am Sonnenlicht nicht halten. Das passt ihm nicht. Wann kann er sich halten? Wenn er im Innern des menschlichen Leibes ist. Und warum kann er sich da drinnen just halten? Nicht als ob er der eigentliche Schädiger wäre, aber dasjenige, was da drinnen tätig ist, das ist das, was man aufsuchen muss. Und da beachtet man etwas nicht. Wir sind fortwährend vom Licht umgeben, von dem Licht, das – wie Sie aus der Naturwissenschaft wohl behalten haben – die größte Bedeutung für die Entwicklung der außermenschlichen Wesen hat, namentlich die größte Bedeutung hat für die Entwicklung der gesamten außermenschlichen Flora. Wir sind von diesem Lichte umgeben. An der Grenze zwischen uns und der Außenwelt geschieht aber mit diesem Lichte, also mit etwas rein Ätherischem, etwas sehr Bedeutsames: Es wird umgewandelt. Und es muss umgewandelt werden. Sehen Sie, gerade so, wie der Pflanzenwerdeprozess vom Menschen aufgehalten wird, wie dieser Pflanzenwerdeprozess, ich möchte sagen, abgebrochen wird und wie ihm entgegengearbeitet wird durch den Prozess der Entstehung der Kohlensäure, so wird auch dasjenige, was im Lichtleben ist, im Menschen abgebrochen. Suchen wir daher das Licht im Menschen, so muss es etwas anderes sein, so muss es eine Metamorphose des Lichtes sein. Wir finden in dem Augenblicke, wo wir die Grenze des Menschen nach innen überschreiten, eine Metamorphose des Lichtes. Das heißt, der Mensch wandelt in sich nicht nur die gewöhnlichen äußeren ponderablen Naturvorgänge um, sondern der Mensch wandelt auch das Imponderable um, das Licht. Er macht es zu etwas anderem. Wenn sich nun der Tuberkelbazillus im Menschen wohl befindet, während er am Sonnenlichte sofort krepiert, so bezeugt eine solche Tatsache, wenn man sie richtig wertet, einfach, dass in dem Umwandelungsprodukt des Lichtes, das im Innern des Menschen auftritt, das Lebenselement dieses Bazillus schon ist, dass also, wenn er darinnen zu viel gedeiht, mit diesem umgewandelten Lichte es irgendwie nicht richtig stehen muss. Und Sie bekommen von da ausgehend eine Einsicht in die Tatsache, dass in den Ursachen der Tuberkulose es auch liegen muss, dass mit diesem umgewandelten Lichte, mit dieser Metamorphose des Lichtes, in dem Menschen etwas vorgeht, was eigentlich nicht vorgehen sollte, sonst würde er nicht zu viel von den ja immer vorhandenen Tuberkelbazillen aufnehmen. Sie sind ja immer da, nur dass sie sonst in einer ungenügenden Anzahl vorhanden sind; sie sind überreichlich vorhanden, wenn der Mensch der Tuberkulose unterliegt. Sonst würde sich der Tuberkelbazillus nicht überall vorhanden zeigen, wenn nicht etwas Unnormales da wäre in Bezug auf die Entwicklung dieses metamorphosierten Sonnenlichtes.

Nun wird es ja nicht schwer sein, wiederum durch eine genügende Anzahl von Dissertationen und Privatdozentenabhandlungen auf diesem Gebiete herauszubekommen – das empirische Material wird Ihnen nur so zufliegen für die Dinge, die ich hier natürlich nur als Gesichtspunkte geben kann –, dass dasjenige, was da eintritt, wenn der Mensch ein geeigneter Mutterboden für die Tuberkelbazillen wird, darinnen besteht, dass der Mensch entweder nicht genügend fähig ist, Sonnenlicht aufzunehmen, oder durch seine Lebensweise nicht genügend bekommt, so dass nicht ein ordentlicher Ausgleich zwischen dem auf ihn eindringenden Sonnenlicht und seiner Verarbeitung des Sonnenlichtes zu einer Metamorphose besteht, sondern dass er genötigt ist, Reserven zu holen aus dem immer in ihm aufgespeicherten metamorphosierten Licht.

Für den Heilungsprozess spielt die Tatsache der Ansteckung keine Rolle

So sehen Sie, handelt es sich ja für den, der die äußere Entstehung, sagen wir zum Beispiel der Syphilis kennenlernen will, ja ganz gewiss darum, darauf hinzuschauen, inwiefern jedes Mal eine Ansteckung da sein muss, wenigstens annähernd eine Ansteckung da sein muss, damit die Syphilis richtig auftrete. Wenn man das bloß konstatiert, dann wird man eben im weiteren Verlauf eines solchen Konstatierens dazu geführt, die Pathologie gewissermaßen zu emanzipieren. Denn – verzeihen Sie, wenn ich einen etwas groben Vergleich gebrauche – dieses Anstecken ist ja auch bei der Syphilis nicht eigentlich wichtiger als das, dass man jedes Mal, wenn einem eine Beule in den Kopf geschlagen werden soll, von einem Stein getroffen werden muss oder von irgend etwas, dass einem ein Schlag versetzt werden muss. Es ist selbstverständlich ganz richtig: Es wird nicht eine Beule entstehen, wenn man nicht einen Schlag kriegt oder wenn einem nicht ein Ziegelstein auf den Kopf fliegt, aber wenn man das besonders charakterisiert, so kommt man ja zu keiner Charakteristik, die für den Heilungsprozess fruchtbar ist. Denn schließlich, nicht wahr, das mag sozial sehr bedeutsam sein, wie das geschieht, dass einem Steine auf den Kopf fliegen oder dergleichen, aber für die Untersuchung des Organismus, so dass man zur Heilung hinkommt, hat das nicht die allergeringste Bedeutung. Man muss den menschlichen Organismus so untersuchen, dass man die Dinge in ihm aufsucht, die dann bei der Therapeutik eine Rolle spielen.

KARMA UND EPIDEMIEN

Anfälligkeit für Epidemien durch karmische Wirkung

Was nun in den Ätherleib durch ein Lebensdasein hinein-
gelegt wird, erlangt im darauf folgenden im physischen
Leib seinen Ausdruck. Eine schlechte Gewohnheit im
vorhergehenden Leben ist eine Ursache zur Krankheit im
nächsten, eine gute Gewohnheit ist natürlich eine Ursache zur Gesundheit. Eine bestimmte Leidenschaft bringt
uns eine bestimmte Krankheit für das nächste Leben.
Man könnte sehen, wie die Disposition eines Menschen
zu Infektionskrankheiten auf diese Weise erworben wird.
Wir wissen gut, dass jemand zu allen Menschen, an alle
Orte hingehen kann, wo Epidemien oder ansteckende
Krankheiten herrschen, ohne dass er sich gefährdet und
diese Krankheiten bekommt. Der andere liest sie gleichsam auf der Straße auf und steckt sich gleich an. Es hängt
nur von seiner Disposition ab, ob er angesteckt wird oder
nicht. Nun wissen die Eingeweihten ganz genau, dass die
Disposition, die zu Infektionskrankheiten führt, auf einem
im vorigen Leben ausgeprägten egoistischen Erwerbs-
sinn beruht, der in selbstischer Weise daran denkt, für
sich Reichtümer zu sammeln. Wer in einem Leben reich
werden will, schädigt sich für seine nächstkommende
Inkarnation. Dieser egoistische Drang nach Erwerb und
Reichtum ist eine Eigenschaft des Ätherkörpers, die im
nächsten Leben als Disposition für Infektionskrankheiten
hervortritt.

Krankheitsursache und Volkskarma

Wenn man sich über Gesundheit und Krankheit informie-
ren will, so muss man allerdings bedenken, dass da viele
Dinge zusammenwirken. Die Ursachen von Krankheiten
brauchen nicht bloß im Einzelkarma zu liegen. Es gibt
auch in Bezug auf Krankheiten ein Volkskarma.

Krankheitsanlagen können auf bestimmte Eigenschaften im
vorhergehenden Leben zurückzuführen sein

Nun drängt sich das, was sich im Ätherleibe ausbildet, im
nächsten Leben in den physischen Leib hinein, so dass sich
nicht nur gute Neigungen und Charaktereigenschaften und
tüchtige Lebensgewohnheiten in einem gesunden physischen Leibe im nächsten Leben auswirken, sondern dass
sich auch untüchtige Eigenschaften, schlechte Gewohn-
heiten, verderbte Neigungen in der nächsten Inkarnation
in einem kranken Organismus zum Ausdruck bringen.
Das ist nicht so aufzufassen, als ob eine ganz bestimmte
Krankheit von einer bestimmten Eigenschaft herrühre,
sondern gewisse Krankheitsdispositionen, gewisse Krankheitsanlagen führen immer auf ganz bestimmte Charak-
ter- und Temperamentseigenschaften im vorhergehenden
Leben zurück. Ein Mensch, der ein Leben mit verdor-
benen Charaktereigenschaften hinter sich hat, besitzt in
diesem Leben also einen Organismus, der leichter physischen Krankheiten ausgesetzt ist als der eines anderen.
Ein Mensch, der mit gesunden Charaktereigenschaften,
mit einem tüchtigen Temperament ausgestattet war, wird
mit einem Leib wiedergeboren, der sich allen möglichen
Epidemien aussetzen kann, ohne angesteckt zu werden,
und umgekehrt.

Sie sehen also, dass die Dinge in der Welt kompliziert
nach dem Gesetz von Ursache und Wirkung zusammenhängen.

Wirkliche und scheinbare Krankheitsursachen

Es wird zum Beispiel häufig gesagt: Wir finden gerade auf
diesem Gebiete in den verflossenen Zeiten den krasses-
ten Aberglauben –, und es werden dann recht abschre-
ckende Beispiele angeführt, wie in den verflossenen Jahrhunderten versucht worden sei, dies oder das zu heilen.
Insbesondere schlimm findet man, wenn man irgendwo
auf Ausdrücke stößt, welche in der damaligen Bedeutung dem heutigen Bewusstsein längst verloren gegangen
sind, sich aber dennoch in das heutige Bewusstsein ein-

geschlichen haben, und mit denen so, wie sie der heutige Mensch denkt, nichts anzufangen ist. So sagen einige: Da gab es Zeiten, in denen man eine jede Krankheit Gott oder dem Teufel zuschrieb! So schlimm, wie es solche Darsteller machen, liegt es deshalb nicht, weil sie nicht wissen, welcher Komplex von Anschauungen bei einem solchen Begriff «Gott» oder «Teufel» gemeint war. Durch einen Vergleich können wir uns das klarmachen.

Nehmen wir an, zwei Leute reden miteinander. Da erzählt der eine dem andern: Eben habe ich eine Stube gesehen, die ganz voller Fliegen ist. Nun sagt mir jemand, das sei ganz natürlich; und das glaube ich auch, denn die Stube ist sehr schmutzig, und dadurch finden die Fliegen ihr Fortkommen. Es ist ganz erklärlich, dass man das als Grund für das Vorhandensein der Fliegen annimmt, und ich glaube auch, dass derjenige ganz recht hat, der da sagt, die Fliegen werden nicht mehr in der Stube sein, wenn man einmal gründlich reinemacht! – Nun hat aber ein anderer erzählt, dass er noch etwas anderes wüsste, warum so viele Fliegen in dem Zimmer wären; und die Ursache könne er nicht anders bezeichnen, als dass in jenem Zimmer seit langem eine grundfaule Hausfrau hause. – Aber nun sieh einmal, was das für ein grenzenloser Aberglaube ist: dass die Faulheit wie eine Art Persönlichkeit sei, die nur zu winken brauchte, und dann kämen die Fliegen herein! Da ist die andere Erklärung doch richtiger, die das Vorhandensein der Fliegen durch den angehäuften Schmutz erklärt!

Nicht viel anders ist es auf einem andern Gebiete, wenn man sagt: Es ist jemand von einer Krankheit befallen, da er eben eine Infektion durch irgendeine Bazillenart erhalten hat; treibt man die Bazillen aus, so ist die Heilung da. Nun reden aber da noch Leute von irgendeiner geistigen Ursache, die tiefer liege! Man braucht doch nichts anderes zu tun, als die Bazillen fortzutreiben! – Es ist nicht mehr Aberglaube, von einer geistigen Ursache zu sprechen bei Erkrankungen, doch alles übrige anzuerkennen, als in dem Falle, wo die Ursache für das Dasein der Fliegen in einer grundfaulen Hausfrau gesehen wird.

Und man braucht nicht zu wettern, wenn man sagt: Die Fliegen werden nicht mehr da sein, wenn einmal reinegemacht wird. Nicht darum handelt es sich, dass der eine den andern bekämpft, sondern dass man lernt, sich gegenseitig zu verstehen und einzugehen auf das, was der eine will und was der andere will. Das muss man durchaus berücksichtigen, wenn von den unmittelbar naheliegenden Ursachen mit Recht gesprochen wird und wenn von den entfernteren Ursachen gesprochen wird. Der objektive Theosoph wird sich durchaus nicht auf den Standpunkt stellen, dass die Faulheit nur eine Art von Wink zu geben brauche, damit die Fliegen in das Zimmer kommen; er wird wissen, dass auch andere materielle Dinge dabei in Betracht kommen, dass aber alles, was materiell zum Ausdruck kommt, seine geistigen Hintergründe hat und dass diese geistigen Hintergründe zum Heile der Menschheit gesucht werden müssen. Diejenigen aber, welche in den Kampf gern einstimmen möchten, die sollen auch daran erinnert werden, dass die geistigen Ursachen nicht immer in derselben Weise aufgefasst werden dürfen und auch nicht in der gleichen Art bekämpft werden können wie die gewöhnlichen materiellen Ursachen. Und man darf auch nicht denken, dass man durch das Bekämpfen der geistigen Ursachen enthoben wäre der Bekämpfung der materiellen Ursachen; denn sonst könnte man die Stube schmutzig lassen und brauchte nur gegen die Faulheit der Hausfrau zu Felde zu ziehen.

Durchgreifende Erkenntnis bei einer Erkrankung muss Karma in Betracht ziehen

Am liebsten wird der heutige Mensch überhaupt glauben, dass eine Krankheit mit den allernächsten Ursachen nur im Zusammenhange stehe. Denn der Grundnerv unserer heutigen Weltanschauung auf allen Gebieten ist ja der, dass man Bequemlichkeit sucht; und stehen bleiben bei den allernächsten Ursachen ist eine bequeme Sache. Daher werden gerade in Bezug auf Erkrankungen nur die allernächsten Ursachen berücksichtigt – und am meisten geschieht das von den Kranken selbst. ... Wer Karma in seinen weit verzweigten Wirkungen zu betrachten versteht, der wird immer mehr seinen Blick erweitern von dem, was heute geschieht, zu Ereignissen, die verhältnismäßig sehr weit zurückliegen. Und er wird vor allen Dingen die Überzeugung gewinnen, dass eine durchgreifende Erkenntnis eines Sachverhaltes, der den Menschen trifft, nur möglich ist, wenn man den Blick erweitern kann über das, was weiter zurückliegt. Insbesondere beim erkrankten Menschen ist das der Fall.

Einflüsse eines zu schwachen Ich-Gefühls in früherer Inkarnation auf Erkrankung bei einer Epidemie

Nehmen wir an, jemand habe im letzten Leben so gelebt, dass er aus einem viel zu schwachen Ich-Gefühl heraus gewirkt hat, aus einem Ich-Gefühl, welches in der Hingabe an die äußere Welt viel zu weit ging, so weit, dass es mit einer Unselbständigkeit, Selbstverlorenheit wirkte, wie es für unseren heutigen Menschheitszyklus nicht mehr angemessen ist. Also das fehlende Selbstgefühl war es, welches einen Menschen in einer Inkarnation zu diesen oder jenen Handlungen geführt hat. Nun hat er während der Kamalokazeit die Handlungen vor sich gehabt, die aus diesem fehlenden Selbstgefühl herausgeflossen sind. Er nimmt daraus zunächst die Tendenz auf: Du musst in dir Kräfte entwickeln, welche dein Selbstgefühl erhöhen, du musst in einer nächsten Inkarnation dir die Gelegenheit schaffen, gegen den Widerstand deiner Leiblichkeit, gegen die Kräfte, welche dir entgegenkommen werden aus physischem Leib, Ätherleib und astralischem Leib, dein Selbstgefühl zu stählen, damit es gleichsam eine Schule durchmacht. Du musst dir einen Leib anschaffen, der dir zeigt, wie aus der Leiblichkeit heraus die Anlage zu einem schwachen Selbstgefühl wirkt!

Was sich dann in der nächsten Inkarnation abspielen wird, wird wenig ins Bewusstsein treten, es wird sich mehr oder weniger in einer unterbewussten Region abspielen. Der Betreffende wird hinstreben zu einer solchen Inkarnation, welche gerade die derbsten Widerstände seinem Selbstgefühl entgegensetzt, so dass er es nötig hat, sein Selbstgefühl im höchsten Maße anzuspannen. Dadurch wird er wie magnetisch hingezogen werden zu solchen Gegenden und solchen Gelegenheiten, wo sich ihm tiefere Hindernisse entgegenstellen, wo sich sein Selbstgefühl ausleben soll gegen die Organisation der drei Leiber. So sonderbar es Ihnen klingen mag: Solche Individualitäten, die mit diesem Karma belastet sind, dass sie in der charakterisierten Weise durch die Geburt ins Dasein hineinstreben, suchen den Zugang zu Gelegenheiten, wo sie zum Beispiel einer Seuche wie der Cholera ausgesetzt sein können; denn diese bietet ihnen Gelegenheit, jene Widerstände, welche eben gekennzeichnet worden sind, zu finden. Was dabei durchzumachen ist im Inneren gegen die Widerstände der drei Leiber in dem Erkrankten, das kann dann bewirken, dass in der nächsten Inkarnation das Selbstgefühl in einem erheblichen Grade gewachsen ist.

Einflüsse eines zu starken Selbstgefühls in früherer Inkarnation auf Erkrankung bei einer Epidemie

Nehmen wir einen andern eklatanten Fall an, und zwar, damit Sie den Zusammenhang durchschauen können, jetzt gerade den entgegengesetzten Fall. Ein Mensch sieht während der Kamalokazeit, dass er unter einem zu starken Selbstgefühl eine Reihe von Handlungen vollführt hat, die aus einem zu starken Auf-sich-selbst-Bauen geflossen sind. Er sieht, dass er sich mäßigen muss in Bezug auf sein Selbstgefühl, dass er es zurückdämmen muss. Da muss er wieder eine Gelegenheit aufsuchen, wo ihm in der nächsten Inkarnation seine drei Leiber die Möglichkeit geben, dass das Selbstgefühl überall in der Leiblichkeit – wie es sich auch anstrenge – keine Schranken findet, dass es überall ins Bodenlose hinein und sich selbst ad absurdum führt. Die Bedingungen dazu sind hergestellt, wenn der Betreffende hingezogen wird zu einer Gelegenheit, die ihm die Malaria bringt.

Da haben Sie einen Krankheitsfall des karmischen Wirkens und sogar den Satz dargelegt, dass im Grunde der Mensch aus einer höheren Vernünftigkeit, als diejenige ist, welche er mit seinem gewöhnlichen Bewusstsein überschauen kann, hingeleitet wird zu den Gelegenheiten, wo er sich im Verlaufe seines Karma weiter fortentwickeln kann. Wenn Sie namentlich die Dinge ins Auge fassen, welche jetzt eben gesagt worden sind, wird es Ihnen sehr erleichtert werden, Verständnis zu gewinnen gerade für das Epidemische bei den Krankheiten. Wir könnten die verschiedensten Beispiele anführen, die uns alle zeigen, wie der Mensch aus den Erfahrungen seiner Kamalokazeit heraus geradezu die Gelegenheiten aufsucht, diese oder jene Krankheit zu bekommen, um durch ihre Überwindung und durch die Entfaltung der selbstheilenden Kräfte die Kräfte zu gewinnen, welche ihn die Lebensbahn im ganzen hinaufführen.

Darf karmisch ausgleichende Wirkung von Epidemien durch
vorbeugende Maßnahmen verhindert werden?

Wie steht es nun damit, dass wir versuchen müssen, als Erdenmenschen auf der andern Seite wieder Korrektur zu schaffen für die schädlichen Einflüsse der alten Mondenkräfte? – Wir werden ja schon ahnen, dass wir als Erdenmenschen nicht gerade herbeisehnen dürfen Vulkanausbrüche und Erdbeben, dass wir nicht selber Organe zerstören dürfen, um die segensreiche Wirkung der geistigen Mächte zu unterstützen. Aber wir werden uns auch sagen können, und das hat gewiss seine Berechtigung: Bricht irgendwo eine Epidemie aus, so wird dadurch etwas herbeigeführt, was der Mensch geradezu sucht, damit in ihm etwas ausgeglichen wird. Und wir können annehmen, dass der Mensch hineingetrieben wird in gewisse Verhältnisse, um eine Schädigung zu erfahren, durch deren Überwindung er sich der Vervollkommnung nähert.

Wie steht es aber dann mit hygienischen und sanitären Maßregeln? Könnte nicht jemand sagen: Also werden Epidemien sehr Gutes wirken können? Ist es dann nicht falsch, durch allerlei gesundheitsfördernde Einrichtungen, durch krankheitsvorbeugende Maßnahmen die Möglichkeit zu vermindern, dass solche Einflüsse geschehen? ...

Wir werden sehen, dass das nicht der Fall ist, aber wieder nur unter gewissen Voraussetzungen nicht der Fall ist. Wir werden nämlich jetzt erst in der richtigen Weise dazu vorbereitet sein, um bei der nächsten Betrachtung der Verhältnisse einerseits zu verstehen, wie uns wohltätige Einflüsse geradezu die Schädigung eines Organs zufügen, damit wir der Wirkung der Maja nicht verfallen, und anderseits uns jener Wirkung bewusst zu werden, die wir hervorrufen, wenn wir uns selbst der Auswirkung solcher wohltätiger Einflüsse entziehen, indem wir sanitäre und hygienische Maßnahmen gegen die Krankheiten ergreifen.

Maßnahmen gegen karmische Wirkung von Epidemien

Wenn in einer bestimmten Zeit die Menschen nicht in der Lage waren, gegen Epidemien gewisse Maßregeln zu ergreifen, so waren das die Zeiten, wo es die Menschen deshalb nicht konnten, weil die Epidemien nach dem allgemeinen weisheitsvollen Weltenplan wirken sollten, damit die Menschenseelen Gelegenheit fanden, auszugleichen, was durch den ahrimanischen Einfluss und durch gewisse frühere luziferische Einflüsse bewirkt worden war. Wenn jetzt andere Bedingungen herbeigeführt werden, so unterliegt das wieder ebenfalls bestimmten großen karmischen Gesetzen. Wir können daraus entnehmen, dass wir diese Fragen wahrhaftig nicht oberflächlich betrachten dürfen.

Wie stimmt das nun zusammen: Wir sagten, wenn der Mensch die Gelegenheit aufsucht, um eine Epidemie, eine Infektion aufzunehmen, so ist das die notwendige Gegenwirkung gegen eine frühere karmische Ursache. Dürfen wir nun hygienische und andere Maßregeln dagegen ergreifen?

Die Frage ist tief, und wir müssen erst das richtige Material herbeitragen, um sie zu entscheiden. Wir müssen uns klar sein, dass da, wo – ob gleichzeitig oder in längeren Zeiträumen – das luziferische und das ahrimanische Prinzip zusammenwirken oder wo sie sich entgegenwirken, gewisse Komplikationen im menschlichen Leben eintreten. Und diese Komplikationen wirken so, dass sie uns in den verschiedensten Fällen in der mannigfaltigsten Art entgegentreten, so dass wir nicht zwei Fälle in der gleichen Art sehen werden. Wenn wir aber das menschliche Leben studieren, werden wir uns in folgender Weise dabei hindurchfinden: Wenn wir das Zusammenwirken von Luzifer und Ahriman aufsuchen in dem entsprechenden einzelnen Fall, so werden wir überall einen Faden finden, um durch diesen Zusammenhang hindurchzukommen. Wir müssen aber dabei scharf unterscheiden zwischen dem inneren und dem äußeren Menschen. Wir mussten heute schon scharf unterscheiden zwischen dem, was sich in der Verstandesseele auslebt, und dem, was als Wirkung der Verstandesseele sich im Ätherleibe zeigt. Wir müssen den Fortgang betrachten, in welchem Karma sich vollzieht, und wir müssen uns zugleich klar sein, dass wir aber doch wieder die Möglichkeit haben, durch entsprechende karmische Einflüsse so auf das Innere zu wirken, dass durch das Innere ein anderer karmischer Ausgleich in der Zukunft vorbereitet wird.

Verpflichtung zu spirituellem Gegengewicht bei Eingriffen in karmische Wirkung durch Gesundheitsmaßnahmen

Nehmen wir an, eine ganze Anzahl von Menschen hätte sich wegen Lieblosigkeit gegen die Menschen hingezogen gefühlt, gewisse Infektionsstoffe aufzunehmen, um einer Epidemie zu verfallen. Nehmen wir weiter an, wir könnten gegen die Epidemie etwas tun. Wir würden dann in einem solchen Falle die äußere Leiblichkeit davor bewahren, die Lieblosigkeit zum Ausdruck zu bringen, aber wir würden dadurch noch nicht die innere Neigung zur Lieblosigkeit fortgeschafft haben. Denken wir uns aber den Fall so, dass wir, wenn wir das äußere Organ der Lieblosigkeit fortschaffen, die Verpflichtung übernehmen, auf die Seele so zu wirken, dass wir auch der Seele die Neigung zur Lieblosigkeit nehmen. Das Organ der Lieblosigkeit wird im eminenten Sinne getötet – im äußeren leiblichen Sinne – in der Pockenimpfung. Da zeigt sich zum Beispiel folgendes, was geisteswissenschaftlich erforscht ist: In einer Kulturperiode traten die Blattern auf, als die allgemeine Neigung bestand, im höheren Maße Egoismus, Lieblosigkeit zu entwickeln. Da traten die Blattern auf, auch in der äußeren Organisation; das ist so. ...

Nun können wir es begreifen, dass in unserer Zeit der Impfschutz aufgetreten ist. Wir können aber noch etwas anderes begreifen, dass nämlich bei den besten Geistern unserer Zeit etwas wie ein Widerwille gegen Impfung vorhanden ist. Das steht mit einem Inneren in Korrespondenz, das ist das Äußere eines Inneren. Und wir können jetzt sagen: Wenn wir auf der einen Seite das Organ töten, hätten wir auch die Verpflichtung, als Gegenstück dazu bei diesem Menschen den materialistischen Charakter durch eine entsprechende spirituelle Erziehung anders zu gestalten. Das müsste das notwendige Gegenstück sein. Wir leisten sonst nur halbe Arbeit. Ja, wir leisten nur eine Arbeit, zu der der Mensch selber in einer späteren Inkarnation in irgendeiner Weise wird das Gegenstück schaffen müssen, wenn er das Pockengift in sich hat und die Eigenschaft aus sich herausgeschafft hat, durch die man geradezu hinneigt zur Blatternerkrankung. Hat man die Empfänglichkeit für die Blattern herausgeschafft, so hat man nur die äußere Seite der karmischen Wirksamkeit ins Auge gefasst. Wenn man auf der einen Seite Hygiene übt, muss man anderseits die Verpflichtung fühlen, den Menschen, deren Organisation man umgewandelt hat, auch etwas für die Seele zu geben. Impfung wird keinem Menschen schaden, welcher nach der Impfung im späteren Leben eine spirituelle Erziehung erhält.

Gesundheitsmaßnahmen durch die großen Gesetze des Menschheitskarmas bestimmt

Da kommen wir zu einem wichtigen Gesetz in der Menschheitsentwicklung, das so wirkt, dass immer ein Äußeres und ein Inneres sich die Waage halten müssen und dass man nicht bloß auf das eine sehen darf, sondern auch das andere nicht unberücksichtigt bleiben darf. Da sehen wir in einen großen Zusammenhang hinein und sind jetzt noch nicht einmal zur Behandlung der Frage gekommen: Wie verhalten sich Hygiene und Karma zueinander? ...

Nehmen wir an, dass wir durch gewisse hygienische Maßnahmen dahin wirken, dass gewisse Ursachen, gewisse Dinge, für die vielleicht der Mensch vermöge seiner karmischen Zusammenhänge Neigung haben muss, überhaupt nicht da sein können. Denken wir uns, es gelänge durch hygienische Maßnahmen, gewisse Krankheitserreger auf einem bestimmten Gebiet zu bekämpfen. Nun haben wir uns bereits vor die Seele geführt, dass es keineswegs im Belieben der Menschen steht, solche Maßnahmen zu treffen. Wir haben gesehen, wie in einem bestimmten Zeitalter zum Beispiel die Neigung zu Reinlichkeitsgesetzen daher entsteht, weil einfach diese Neigung, die in der Zwischenzeit verschwunden war, jetzt bei der umgekehrten Wiederholung in der Entwicklung wieder auftaucht. Daraus haben wir gesehen, dass es in den großen Gesetzen des Menschheitskarma überhaupt liegt, dass in einem bestimmten Zeitpunkt der Mensch dazu kommt, diese oder jene Maßnahmen zu treffen.

Zusammenhang von physischem Wohlsein und seelischer Verödung

Denken wir uns also den Fall, eine Anzahl von Menschen würde sich durch karmische Verwicklung gedrängt fühlen, bestimmte Einflüsse aufzusuchen, welche ein karmischer Ausgleich sein würden. Durch hygienische Maßnahmen sind nun einstweilen diese Einflüsse oder Verhältnisse hinweggeräumt worden, die Menschen können sie nicht mehr suchen. Darum aber werden diese Menschen nicht befreit von dem, was in ihnen als karmische Wirkung herausgefordert wird, sondern sie werden gedrängt, andere Wirkungen aufzusuchen. Seinem Karma entkommt der Mensch nicht. Er wird durch solche Maßnahmen nicht entlastet von dem, was er sonst aufgesucht hätte. ...

Heute werden in der Tat eine ganze Menge von äußeren Einflüssen und Ursachen hinweggeräumt, die sonst aufgesucht worden wären zum Ausgleich gewisser karmischer Dinge, welche die Menschheit in früheren Zeitaltern auf sich geladen hat. Dadurch aber schaffen wir nur die Möglichkeit hinweg, dass der Mensch äußeren Einflüssen verfällt. Wir machen ihm das äußere Leben angenehmer oder auch gesünder. Dadurch erreichen wir aber nur, dass dasjenige, was der Mensch in dem entsprechenden Krankheitsverhältnis sich als karmischen Ausgleich gesucht hätte, nun auf anderem Wege gesucht werden muss. Die Seelen, welche auf diesem Wege heute in gesundheitlicher Beziehung gerettet werden, werden also dazu verurteilt, in einer andern Weise diesen karmischen Ausgleich zu suchen. Und sie werden ihn suchen müssen in zahlreichen Fällen, die gerade zu den geschilderten gehören. Indem ihnen durch ein gesünderes Leben größere physische Annehmlichkeit bereitet wird, indem ihnen das physische Leben erleichtert wird, wird die Seele dadurch in der entgegengesetzten Weise beeinflusst; sie wird so beeinflusst, dass sie nach und nach eine gewisse Leerheit, eine Unbefriedigtheit, eine Unerfülltheit empfinden wird. Und wenn es so fortgehen würde, dass das äußere Leben immer angenehmer, immer gesünder würde, wie man es nach den allgemeinen Vorstellungen im rein materialistischen Leben haben kann, dann würden solche Seelen immer weniger Ansporn haben, in sich selber weiterzukommen. Eine Verödung der Seelen würde in gewissem Sinne parallel einhergehen.

Wer sich genauer das Leben ansieht, kann das heute schon bemerken. In kaum einem Zeitalter hat es so viele Menschen gegeben, welche in so angenehmen äußeren Verhältnissen leben, aber mit öden, unbeschäftigten

Seelen einhergehen, wie es heute der Fall ist. Diese Menschen eilen darum von Sensation zu Sensation; dann, wenn das Pekuniäre reicht, reisen sie von Stadt zu Stadt, um etwas zu sehen, oder wenn sie in derselben Stadt bleiben müssen, eilen sie jeden Abend von Vergnügen zu Vergnügen. Die Seele bleibt aber darum doch öde, weiß zuletzt selber nicht mehr, was sie aufsuchen soll in der Welt, um einen Inhalt zu bekommen. ... So werden die Seelen leidender, während das äußere Leben gesünder gemacht wird.

OKKULTE HINTERGRÜNDE
VON EPIDEMIEN

Bazillen: Folge der auf die Erde geworfenen ahrimanischen Scharen

All das, was man als Bazillenkräfte aufweist, woran Bazillen einen Anteil haben, ist ebenso eine Folge davon, dass einmal ahrimanische Scharen vom Himmel auf die Erde geworfen worden sind, dass der Drache besiegt worden ist, wie es eine Folge eines solchen Sieges ist, dass die ahrimanisch-mephistophelische Denkungsweise seit dem Ende der siebziger Jahre [des 19. Jahrhunderts] Platz gegriffen hat. So dass man sagen kann: Auf materiellem Gebiete haben die Tuberkel- und Bazillenkrankheiten einen ähnlichen Ursprung wie der gerade jetzt vorhandene Verstandesmaterialismus auf geistig-seelischem Gebiete; die zwei Dinge gleichen sich im höheren Sinne durchaus.

Kosmische Rhythmen und epidemische Krankheiten

Aber wenn es wahr ist, dass zum Beispiel für die Verbreitung einer gewissen epidemischen Krankheit die Ratten Krankheitsträger sind – ich will jetzt nur den Gedanken nehmen –, so kann man doch nicht sagen, dass von den Ratten diese Krankheit kommt, sondern man hat sich immer vorgestellt, dass die Ratten diese Krankheit verbreiten. An sich haben natürlich die Bazillen mit alledem, was die Krankheit ist, in Wirklichkeit nichts zu tun. Dasjenige, um was es sich bei solchen Dingen handelt, das ist, dass geradeso, wie wir es hinter den Symptomen der Geschichte mit geistig-seelischen Ereignissen zu tun haben, so haben wir es hinter den Symptomen der äußeren Körperlichkeit mit kosmologischen Ereignissen zu tun bei einer solchen Erscheinung. Bei anderen natürlich ist wieder anderes der Fall, nicht wahr. Was besonders wichtig ist in einem solchen Falle, ist der rhythmische Gang der kosmischen Ereignisse. Der muss studiert werden. Es muss gefragt werden: In welcher kosmischen Konstellation lebten wir, als in den achtziger Jahren [des 19. Jahrhunderts] die

heutige Grippe in der milderen Form der Influenza auf-
trat? In welcher Konstellation kosmischer Natur leben wir
jetzt? Wie vollzieht sich der kosmische Rhythmus, da die
damalige Influenza in der etwas härteren Form der Grippe
auftritt? – So wie Rhythmus gesucht werden muss hinter
der historischen Symptomenreihe, so muss ein gewisser
Rhythmus gesucht werden hinter dem Auftreten gewisser
epidemischer Krankheiten.

Heilkunde erfordert kosmologische Symptomatologie

Glauben Sie denn, dass man wirklich über diese Dinge
etwas erkennen wird, bevor man sich herbeilässt, durch
eine geistig-seelische Erkenntnis zu einer richtigen Kos-
mologie überzugehen? Gewiss, man hat es als eine Narrheit aufgefasst – in dieser Weise ist es eine Narrheit –, dass
die Leute gesagt haben: Mit den Sonnenfleckenperioden
hängt die Neigung der Menschen zu Kriegen zusammen. –
Aber es gibt einen Punkt, wo selbst das nicht mehr eine
reine Narrheit ist, wo das Auftreten gewisser patholo-
gischer Impulse im Temperamentenleben selbst zusammenhängt mit solchen kosmologischen Erscheinungen
wie den rhythmisch auftretenden Sonnenfleckenperioden.
Und wenn dann diese kleine Gesellschaft, diese winzigen
Herrschaften – Bazillen, Ratten –, dasjenige, was einen
kosmologischen Zusammenhang hat, wirklich von einem
Menschen zum anderen tragen, dann ist das nur etwas
Sekundäres, das leicht bewiesen werden kann, das selbstverständlich dadurch ein großes Publikum findet; aber die
Hauptsache ist es nicht. Und vor allen Dingen, hinter die
Hauptsache kommt man nicht, wenn man nicht den Willen
hat, wirklich auch die Peripheriesymptome zu studieren.
... Die Menschen werden auch dadurch erst auf dem
Gebiete des Sanitätswesens, der Hygiene, der Medizin zu
etwas kommen, wenn sie auf diesem Gebiete nunmehr
eine kosmologische, nicht eine historische, aber eine kosmologische Symptomatologie treiben. Denn dasjenige,
was auf der Erde als Krankheiten lebt, das wird uns vom
Himmel heruntergeschickt.

SCHUTZ BEI EPIDEMIEN

Logisches Denken als Prävention bei Epidemien

Das logische und reine Denken wirkt auch auf den physischen Körper kräftigend und gesundend; macht ihn weniger empfänglich für Krankheit; daran Gewöhnte, zum Beispiel Mathematiker, haben viel weniger zu fürchten, wenn sie Cholera-Spitäler etc. besuchen. ...

Dadurch wird auch Sicherheit gewonnen in allen Fragen des äußeren und inneren Lebens. Starke Menschen werden nur auf ihre innere Stimme hören, schwache Menschen dagegen immer nach dem Rat und den Vorschlägen anderer lauschen.

Bedeutung des Schlafs für Gesundheit und Krankheit

Es gibt in unserem physischen Leibe etwas, was gekräftigt und gestärkt wird durch das, was unsere Seele im schlafenden Zustand aus der geistigen Welt aufsaugt, womit sie aus der geistigen Welt durchstrahlt wird. Die Sonne unseres Ich und Astralleibes geht unter für Nerven- und Blutleben, sofern das Blutleben das Ich bedingt und nicht ein bloßes Leibesleben ist, und strahlt auf für die anderen organischen Verrichtungen in unserem Leibe, wenn der Mensch schläft. Damit hängt zusammen, was schließlich wirklich leicht zu wissen ist, dass der Schlaf ein bedeutsames Heilmittel ist, und dass ein ungesunder Schlaf wirklich zu den bedeutsamsten Krankheitsursachen, namentlich in Bezug auf gewisse innere Vorgänge des Leibeslebens gehört.

Mittelalterliche Gespensterfurcht und moderne Furcht vor Bazillen

Nicht wahr, in Bezug auf gewisse Dinge ändert sich das menschliche Leben, aber gewisse Grundnuancen dieses Lebens bleiben ja doch gleich durch lange Zeiten hindurch. So gab es im Mittelalter eine bestimmte Furcht, die Furcht, die heute ja gilt als der finstere Aberglaube des Mittelalters, die sogenannte Gespensterfurcht, die Furcht vor allen möglichen Elementarwesen, vor Gespenstern. Nun, das ist für die heutige Zeit ein mittelalterlicher Aberglaube. Aber die heutige Zeit, sie hat sozusagen den Gegenstand geändert, aber nicht die Furcht, denn die heutige Zeit fürchtet sich ebenso wie das Mittelalter vor Gespenstern, sie fürchtet sich vor den sogenannten Bazillen und ähnlichen Wesenheiten. Nun könnte man sogar sagen, dass Gespenster verhältnismäßig anständigere Wesen noch waren, vor denen man sich eher fürchten konnte, als vor den Wesenheiten, die man heute als Bazillen und ähnliches bezeichnet. Und geändert hat sich eigentlich nur das an der Sache, dass man dazumal mehr geistig gesinnt war und sich vor geistigen Elementarwesen gefürchtet hat; jetzt ist man mehr materiell gesinnt, und die Gespenster müssen physisch sein. Das entspricht auch dem Zeitalter des Materialismus mehr.

In den Schlaf hineingenommene materialistische Vorstellungen fördern Bazillen

Nicht das wollte ich aber hervorheben, sondern das, dass in der Tat die okkulte Wissenschaft uns zeigt, dass Bazillen zum Beispiel im menschlichen Leibe gepflegt werden müssen, wenn sie wirklich gedeihen sollen. Sie müssen von Menschen gepflegt werden. Nun wird selbstverständlich jeder Mensch in der Gegenwart sagen, es wäre töricht, Bazillen geradezu zu mästen, zu pflegen, sie zu veranlassen, möglichst zahlreich zu werden. Aber es handelt sich nicht darum, dass man Grundsätze hat, und welche Grundsätze man hat, sondern darum, dass man die Sache vom richtigen Gesichtspunkt aus anzusehen vermag. Und nun kann vor der geisteswissenschaftlichen Erkenntnis nicht geleugnet werden, dass zum Beispiel ein Ich und ein Astralleib, die sich nur füttern mit materialistischen Vorstellungen, die abweisen alle spirituellen Vorstellungen, die abweisen allen Spiritualismus, davon nichts wissen wollen, wenn sie schlafend aus dem Leibe hinausgehen, aus der geistigen Welt Kräfte in die Organe hineinstrahlen, die geradezu förderlich sind für das Bazillenleben. Man kann, wenn man Bazillen recht mästen will, nichts Besseres tun, als rohe materialistische Vorstellungen in den Schlaf mit hineinnehmen und dadurch ahrimanische Kräfte aufrufen, welche einstrahlen in den Organismus und zu Bazillenpflegern werden.

Entscheidende Bedeutung der menschlichen Gemeinschaft

Nun müssen wir, wenn wir eine solche Sachlage in der richtigen Weise beurteilen wollen, uns klar machen, dass in dem Augenblick, wo wir die Betrachtung auf das geistige Leben erstrecken, wir sogleich ins Auge zu fassen haben, was menschliche Gemeinschaft heißt. Denn das Zusammenwirken in der menschlichen Gemeinschaft erweist sich sogleich in ungeheurem Maße größer, wenn es sich handelt um geistige Wirkungen, als um diejenigen, die sich bloß vollziehen auf dem physischen Plan. Man könnte nämlich sagen, nun könnte also jemand am besten tun, um ja keine Bazillen in seinem Leibe schädlich werden zu lassen, als Heilmittel anzuwenden, sich mit spirituellen Vorstellungen schlafen zu legen. Vielleicht wäre das sogar ein Mittel, wenn man es äußerlich klinisch beweisen würde, dass die hartgesottensten Materialisten der Zukunft sich verschreiben ließen geradezu spirituelle Vorstellungen, und auf diese Weise einiges erhofft werden könnte für das spirituelle Leben. Nun aber, so einfach liegt die Sache nicht, denn es beginnt gleich die Bedeutung des gemeinschaftlichen Lebens, wenn es sich um Geistiges handelt, und da können wir sagen:

Es nützt vielleicht gar nichts dem Einzelnen, wenn er solche spirituellen Vorstellungen hegt, wenn die anderen ringsherum mit materialistischen Vorstellungen zu Bazillenpflegern werden, denn da pflegt einer für den anderen. – Das ist das Wichtige, was wir ins Auge fassen müssen. Deshalb muss immer wiederum betont werden, was ich auch hier schon besprochen habe: Geisteswissenschaft als solche kann das eigentlich Fruchtbare, das sie zu leisten hat für die Menschheit, sozusagen nicht bloß individuell leisten; es genügt nicht, dass der Einzelne die geisteswissenschaftlichen Dinge aufnimmt, sondern Geisteswissenschaft muss in Geduld warten, bis sie ein Kulturfaktor wird, bis sie die Herzen und Seelen vieler durchzieht; dann erst wird sich zeigen, was sie den Menschen sein kann.

Furcht-Imaginationen stärken die dem Menschen feindlichen ahrimanischen Kräfte

Es gibt allerdings etwas, was ebenso stark auf die ahrimanischen Wesenheiten wirkt, die wir in den Bazillen zu beobachten haben. Ich sage: ahrimanische Wesenheiten. Ich kann Ihnen leicht einen Unterschied sagen zwischen ahrimanischen Wesenheiten und anderen Wesenheiten, es geht leicht, das zu unterscheiden auch äußerlich. Wir sehen gewissermaßen rund um uns herum die Natur mit ihren Geschöpfen erfüllt. Alles, was unmittelbar draußen lebt in der Natur, hat gewissermaßen sein Leben von den fortschreitenden guten weisen Schöpfern. Alles das, was sein Dasein aufschlägt in anderen Organismen und da vorzugsweise gedeiht, ist unter den Geschöpfen luziferischer oder ahrimanischer Art. Alles Parasitäre ist auf luziferischen oder ahrimanischen Ursprung zurückzuführen; das muss festgehalten werden, denn dadurch können wir im Reiche der Natur sehr leicht unterscheiden. Eines, sagte ich, gibt es noch, was außerordentlich förderlich ist diesen ahrimanischen Geschöpfen, die als Parasiten im menschlichen Leibe leben, das ist das Folgende. Nehmen wir an, wir leben in einer Epidemie drinnen oder in einer Seuche. Selbstverständlich muss da einer für den anderen stehen, und da tritt das menschliche Gemeinschaftswesen und all das, was damit zusammenhängt, in ungeheurer Stärke auf, weil tatsächlich die karmischen Zusammenhänge so sein können, dass der, der durch individuelle Betätigung am wenigsten geeignet scheint, der Epidemie zu verfallen, doch ihr verfällt. Aber im allgemeinen gilt trotzdem – wir dürfen uns durch den Schein nicht täuschen lassen –, was ich jetzt sagen werde: Wenn man umgeben ist von den der Krankheit verfallenen oder sterbenden Menschen und diese Bilder zunächst aufzunehmen hat und dann mit diesen Bildern in den Schlaf zieht und nichts hineindringt als die egoistische Furcht, dann durchtränkt sich die Imagination, die aus diesen Bildern entsteht und während des Schlafes in der Seele lebt, mit der egoistischen Furcht, und das bewirkt, dass da schädliche Kräfte einschlagen werden in den menschlichen Leib. – Furcht-Imaginationen sind dasjenige, was tatsächlich pflegende Kräfte für des Menschen ahrimanische Feinde abgibt. Wenn sich ausbreitet eine edle Gesinnung, so dass die egoistische Furcht zurücktritt, und das liebende Helfen unter den Menschen wirkt und in den menschlichen Schlaf nun hineingeht, nicht mit Furcht-Imaginationen, sondern mit dem, was das liebende Helfen bewirkt, dann bedeutet das Schaden für die ahrimanischen Feinde des Menschen.

Vom geistigen Leben, das wir mit in den Schlaf hineinnehmen, hängt auf der Erde ungeheuer viel ab

Da sehen Sie, wie unberechtigt der Einwand ist, dass uns nichts angehe, während wir auf der Erde leben, das geistige Leben. Was wir für ein geistiges Leben jeweils beim Einschlafen mit in den Schlaf hineinnehmen, davon hängt auf der Erde ungeheuer viel ab, dadurch machen wir unsere Seelen zum guten oder schlechten Werkzeug für die Einstrahlungen aus der geistigen Welt in diejenigen Organe unseres Leibes, die nicht Werkzeuge des Seelenlebens des Tages, des täglichen Bewusstseins sind, sondern ihre physischen und chemischen Funktionen unterhalb der Schwelle des Bewusstseins vollziehen. Was beim Menschen nicht Nerven- und Blutwirkungen sind, sondern organischer Kreislauf einfach ist, was physische und chemische Wirkungen sind, das sind nicht Lebenswirkungen, wie im Pflanzenleben auch, wie im Mineralreich, sondern es sind Wirkungen, in die während des Schlafes geistige Kräfte aus den geistigen Welten einstrahlen. So ist es also wichtig, in der Lage zu sein, geistige Erkenntnisse und die aus den geistigen Erkenntnissen fließende Gesinnung hinüber zu nehmen in das Schlafesleben.

Stärkung des Menschen durch geisteswissenschaftliche Inhalte

Wenn die Welt einmal die volle Bedeutung dessen, was hier Geisteswissenschaft leisten kann, einsehen wird, dann werden allmählich nicht verschwinden, aber von geringerer Bedeutung werden alle die schönen – ich sage das nicht ironisch, sondern durchaus im ernsten Sinne –, all die schönen Theorien von Infektionskrankheiten und dergleichen, die heute nur in einseitiger Weise betrachtet werden. Es wird viel mehr als auf die Art, wie die Bazillen und Bakterien einziehen in unseren Organismus, darauf gesehen werden, wie stark wir von der Seele und vom Geiste geworden sind, um diesen Invasionen zu widerstehen. Diese Stärke wird in der menschlichen Natur kein äußeres Heilmittel bedingen, aber das Heilmittel, das innerlich den Menschen stärkt vom Geiste und von der Seele aus durch einen gesunden geisteswissenschaftlichen Inhalt.

Wirkung des Lichts auf Parasitäres

Nehmen wir einmal den Fall, dass wir einen Kranken in Verhältnisse bringen, wo das Licht übermäßig wirkt, wo die Luft stark durchleuchtet wird, wo er also von Licht umgeben ist. Dann können wir in einer gewissen Weise sagen: Wir versetzen ihn in eine Region, wo wir das Irdische, das also auf ihn wirkt, im Grunde genommen abweisen, wo wir ihn dem Einfluss des Außerirdischen aussetzen. Denn in dem starken Sonnigsein liegt eigentlich dasjenige, was von der Erde nicht mehr verbraucht wird, was aber von der Erde zurückgeworfen wird. Und in die Region dieses außerirdischen Wirkens tritt dann der Kranke ein. Setzen wir also einfach einen Kranken in sonnendurchhellte Luft, so wirken wir auf seinen rhythmischen Organismus. In hervorragendem Maße wirken wir auf seinen rhythmischen Organismus. Und zwar wirken wir so, dass ein unregelmäßiger Stoffwechsel dadurch, dass sich der Rhythmus durch dieses dem Lichte Aussetzen von selber reguliert, vom Rhythmus aus direkt bekämpft wird.

Das ist der Zusammenhang, der uns dazu führt zu erkennen, worauf eigentlich Sonnen- und Lichtkuren beruhen. Und wenn wir finden, dass irgend jemand sich besonders unwiderstandsfähig gegen Parasitäres verhält, dann wird eine solche Kur ganz besonders zu empfehlen sein. Man braucht deshalb nicht ein Anhänger der Bazillentheorie zu sein, sondern man muss sich nur klar sein darüber, dass in dem Vorhandensein der Parasiten sich zeigt, dass der Betreffende tiefer liegende Ursachen hat, damit sich die Bazillen ansammeln können, damit sie sich aufhalten können. Sie sind ja niemals eigentlich die wirklichen Krankheitserreger, sondern sie sind immer nur die Anzeiger, dass der Patient die Krankheits-«Erreger» in sich hat. Deshalb ist die Bazillenforschung schon wichtig, aber nur als eine Erkenntnisgrundlage. Die eigentlichen organischen Ursachen liegen im Menschen selber. Und diesen organischen Ursachen, die im Menschen selber liegen, wird entgegengewirkt durch dasjenige, was von dem außerirdischen Kosmos der Erde zuströmt und die Erde umgibt, aber nicht mehr ganz von der Erde aufgenommen wird. Ein Übermäßiges ist es, eine Übersonne, ein Überlicht und so weiter. Also da, wo die Erde nicht nur sprosst und sprießt, sondern wo sie anfängt zu glänzen, wo sie also auch Licht enthält, das mehr ist als dasjenige, was nötig ist zum Sprießen und Sprossen, da haben wir solches, was in dieser Richtung besonders günstig wirkt.

HEUTIGE URSACHEN ZUKÜNFTIGER EPIDEMIEN

*Materialismus führt zu künftigen epidemischen
Erkrankungen des Nervensystems*

Was wir heute von uns auf den Astralplan abwälzen, erscheint morgen auf dem physischen Plan. Was wir so auf dem Astralplan säen, ernten wir auf Erden in künftigen Zeiten. Wir ernten demnach heute die Früchte der engstirnigen materialistischen Mentalität, die unsere Vorfahren auf dem Astralplan gesät haben.

Man kann daraus die fundamentale Bedeutung geistiger Wahrheiten ersehen. Würde die Wissenschaft die Gaben der Geisteswissenschaft, und sei es nur als Hypothesen, annehmen, die Welt würde sich verändern. Der Materialismus hat den Menschen in derartige Finsternisse versinken lassen, dass es eines unerhörten Kraftaufwandes bedarf, um die Menschheit daraus herauszuziehen. Der Mensch gerät unter den Einfluss von Erkrankungen des Nervensystems, die sich zu wahren psychischen Epidemien auswachsen. Was wir auf der Erde Gefühl nennen und was sich auf dem Astralplan findet, das kommt auf die Erde zurück als Realität, als tatsächliches Ereignis. Vom Astralplan kommen die nervösen Störungen, welche die Menschen erschöpfen.

*Karma des Materialismus: künftige Epidemien
des Wahnsinns*

Der Materialismus in der Naturwissenschaft ist erst eine Folge des Materialismus in der Religion; es gäbe ihn nicht, wenn nicht das religiöse Leben vom Materialismus durchsetzt wäre. Diejenigen, die heute zu bequem sind, sich auf religiösem Gebiet zu vertiefen, sind dieselben, die in der Naturwissenschaft den Materialismus erzeugt haben. Und die durch diesen Materialismus erzeugte Nervenzerrüttung wirkt sich aus bei ganzen Stämmen, ganzen Völkern, wie im Einzelleben der Menschen.

Wenn die spirituelle Strömung nicht so viel Macht gewinnt, dass sie auch die Faulen und Bequemen erfassen kann, dann gewinnt dasjenige, was die karmische Folge ist, die Nervosität, immer mehr Einfluss auf die Menschheit, und wie es im Mittelalter Epidemien des Aussatzes gegeben hat, so werden, durch die materialistische Gesinnung hervorgerufen, in der Zukunft schwere Nervenerkrankungen, ganze Epidemien des Wahnsinns auftreten, und ganze Völker werden davon überfallen werden.

So sollte durch das Einsehen dieses Gebietes des Karmagesetzes die Geisteswissenschaft nicht etwas sein, über das man sich streitet, sondern ein Heilmittel für die Menschheit. Je mehr die Menschheit spirituell wird, desto mehr wird alles ausgemerzt, was mit Erkrankungen des Nervensystems und der Seele zusammenhängt.

Schädlichste Wirkung des Materialismus auf dem Gebiete
des religiösen Lebens

Das Karma wirkt sich ja aus, gerade wie beim einzelnen Menschen, so auch bei den Völkern, ja bei der ganzen Menschheit. Wer nun den Gang der Geschichte des europäischen Geisteslebens verfolgt, der weiß, dass seit etwa vierhundert Jahren der Materialismus heraufgekommen ist. In der Wissenschaft ist dieser Materialismus am unschuldigsten, denn da können alle Fehler jederzeit eingesehen und ausgeglichen werden. Viel schädlicher wirkt er sich schon aus im praktischen Leben, wo ja alles in den Gesichtspunkt materieller Interessen gestellt wird. Aber nie hätte der Materialismus Platz gegriffen im praktischen Leben, wenn nicht die Menschen dazu eine Vorliebe gehabt hätten. ... Am allerschädlichsten wirkt sich aber der Materialismus aus auf dem Gebiete des religiösen Lebens, das heißt in der Kirche; gerade sie steuert seit Jahrhunderten auf den Materialismus hin. Wieso? Wenn Sie zurückgehen in die ursprünglichen Zeiten des ersten Christentums, hätten Sie nie gehört, dass man angenommen hätte, dass sich das Siebentagewerk wirklich in sieben Tagen vollzogen hätte, wie es ja heute tatsächlich vielfach angenommen wird, und dass man unter dem «siebenten Tag» sich so etwas vorstellen kann, als ob sich einer nach einer schweren körperlichen Arbeit auf einen Stuhl setzt und ausruht. Von der Wirklichkeit dieses Siebentagewerkes weiß das materialistische Zeitalter nichts mehr. Der Theosophie ist es erst wieder vorbehalten, der Menschheit über den wahren Sinn dieser alten Urkunde, der Genesis, Aufklärung zu geben.

Und diese materialistische Auffassung in der Religion, die hat sich in das Leben der Völker sogar am allertiefsten hineingefressen. Und immer mehr wird dieser Materialismus gerade auf religiösem Gebiete herrschen, und immer weniger wird man gerade auf dieser Seite einsehen, dass es auf den Geist ankommt und nicht auf das Physisch-Materielle. Sie werden ohne weiteres zugeben, dass das materielle Denken, Fühlen und Wollen immer mehr eingezogen ist in die ganze Lebensauffassung der Menschheit, und dies prägt sich schließlich im Gesundheitszustand der nachfolgenden Generationen aus.

Ohne Spiritualität würden Geisteskrankheiten epidemisch werden

Ein Zeitalter aber, das nur an die Materie glaubt, erzeugt Nachkommen, bei denen im Leibe auch alles seine eigenen Wege geht, nichts im Mittelpunkte liegt, wodurch eben Anzeichen von Neurasthenie und Nervosität entstehen. Dies würde immer mehr und mehr überhandnehmen, wenn der Materialismus auch in Zukunft die Weltanschauung bliebe. Der geistig Schauende kann Ihnen ganz genau sagen, was kommen würde, wenn der Materialismus nicht sein Gegengewicht fände in einer festen Geistesrichtung. Geisteskrankheiten würden epidemisch werden, ebenso würden Kinder schon bei ihrer Geburt an Nervosität und Zittererscheinungen leiden, und die weitere Folge der materiellen Gesinnung ist ein solcher nicht in sich konzentrierter Menschenschlag, wie wir ihn heute schon sehen.

Karmagesetz hat nichts mit blindem Schicksalsglauben zu tun

So sehen Sie, wie man – wenn man im tieferen Sinne über das Karmagesetz denkt – den Menschen nicht als Einzelwesen betrachten kann, sondern auch als in der ganzen Gemeinschaft unter dem Karmagesetz stehend. Das Karmagesetz ist nicht für die, welche nur an ein ganz blindes Schicksal glauben wollen. Wer das Karmagesetz so auffassen würde, der würde es vollständig verkennen. Und doch findet man immer wieder Menschen, die diesem Irrtum verfallen. So sagt der eine: Ich weiß, ich kann nichts dafür, dass mir dies und jenes zustößt, das ist halt mein Karma, das muss ich ausleben. – Der andere sagt: Ich sehe da einen Notleidenden, dem darf ich nicht helfen, denn es ist ja seine Schuld, dass ihn das trifft; es ist sein Karma, das muss er ausleben! – Das alles ist ja nun eine ganz unsinnige Auslegung des Karmabegriffes!

Jede Gefühlsform bewirkt eine Veränderung in der Struktur des physischen Leibes

Jede Nacht nimmt Besitz vom physischen Leib dasjenige, was aus höheren Welten herunterrückt, wenn der Mensch schnöde seinen Leib verlässt. So dass wir sagen können: Astralische Substantialitäten, die den physischen und den Ätherleib schaffen, an seiner Schöpfung beteiligt sind, die nehmen sich derer wieder an, wenn der Mensch sie verlässt. Dabei finden sie sie anders, als sie sie ursprünglich dem Menschen geliefert haben. Der Mensch war darin mit seinem Astralleib und Ich und hat darin gewirtschaftet; und da finden die geistigen Wesenheiten aus höheren Weltenregionen drinnen Wirkungen vor, die ihnen gar nicht in ihrer höheren Geistigkeit entsprechen, die die Nachwirkungen dessen sind, was der Mensch den Tag über von seiner Astralität und seinem Ich aus in seinem physischen Leib anrichtet. ... Man kann keinen Gedanken haben, keine Empfindung und kein Gefühl haben, ohne dass diese ihre Wirkungen bis in den physischen Leib hinein äußern. Wenn auch der Anatom das nicht nachweisen kann, jede Empfindung, jede Gefühlsform bewirkt eine gewisse Veränderung der Struktur des physischen Leibes, und die finden dann jene Wesenheiten vor, die sich hineinsenken in den Menschen.

Verlogenheit bringt Phantome hervor

Von besonderer Bedeutung sind jene Wirkungen, die ausgeübt werden auf unseren physischen Leib durch alles dasjenige, was der Mensch in seiner Seele hat an Lüge, Verleumdung, Heuchelei. Der materialistische Sinn glaubt, dass Lüge, Verleumdung, Heuchelei etwas sind, was nur so schädlich wirkt, wie man es äußerlich beobachten kann. Das ist nicht so, sondern ganz feine, allerdings für einen mikroskopischen Apparat nicht wahrnehmbare Wirkungen gehen bis auf den physischen Leib. Geht dann die Seele im Schlaf heraus, so bleiben die Wirkungen im physischen Leib drinnen, und die werden von den Wesenheiten vorgefunden. Und dabei kommen nicht nur in Betracht diejenigen Seelenerlebnisse, die man im Grobsinnlichen als Lüge, Verleumdung, Heuchelei bezeichnet, sondern auch die feinen, konventionellen Lügen, zum Beispiel die, welche die Gesellschaftsordnung heute nötig macht. Lügen aus Höflichkeit oder Sitte und die ganze Skala, die angeführt werden kann von Unaufrichtigkeit und Heuchelei und kleinen Verleumdungen – selbst nur in Gedanken –, all das drückt sich aus in den Wirkungen auf den physischen Leib, und das wird vorgefunden von diesen herabrückenden Wesenheiten. Und dadurch, dass das drinnen ist in der Nacht im physischen Leibe, wird etwas besonderes bewirkt. Dadurch werden immer Stücke abgerissen von der Substanz dieser in den Leib sich hineinsenkenden Wesenheiten. Abschnüren müssen sich dadurch gewisse Teile der höheren Wesenheiten. Die Folge von Lüge und Heuchelei und Verleumdung am Tag ist die Abschnürung gewisser Wesenheiten in der Nacht, die dadurch eine gewisse Verwandtschaft haben zum physischen Menschenleib. Diese Wesenheiten gewinnen dadurch ein selbständiges Dasein in der uns umgebenden geistigen Welt; es sind Wesenheiten, die wir rechnen zur Klasse der Phantome. Phantome sind solche geistige Wesenheiten, die also in ihrem Äußeren physiognomische Ausdrücke sind, in einer gewissen Weise Nachbildungen der menschlichen Leibesglieder und Gestalt. Sie sind von so dünner Materialität, dass das physische Auge sie nicht sehen kann, sie sind aber sozusagen von physischer Form. Da sieht der Hellseher durch die Luft schwirren Stücke von menschlichen Köpfen, menschlichen Händen, ganze Gestalten, ja das Innere von menschlichen Leibern sieht er herumschwirren, den Magen, das Herz, er sieht all die Phantome, die auf diese Weise sich losgeschnürt haben, dass der Mensch dasjenige seinem physischen Leib übergeben hat, was die Folge ist von Lüge, Heuchelei und Verleumdung.

Die durch Verlogenheit geschaffenen Phantome nähren sich
von Bazillen und Bakterien

Solche Phantome, die fortwährend unseren geistigen Raum durchschwirren, werden Ihnen ein Beweis sein dafür, dass das Menschenleben selbst die Ursache ist von Wesenheiten, die nun keineswegs in besonders günstiger Weise auf den Menschen einwirken; denn sie haben in gewisser Beziehung intelligente Eigenschaften und keine moralische Verantwortlichkeit. Sie fristen ihr Dasein damit, dass sie den Menschen in ihrem Leben Hindernisse in den Weg legen, viel mehr Hindernisse als dasjenige ist, was man Bakterien nennt. Es findet sogar noch etwas anderes statt. In solchen Wesen sind wichtige Krankheitserreger zu suchen; denn wenn diese Phantome geschaffen sind durch den Menschen, dann finden sie in Bazillen und Bakterien eine sehr gute Gelegenheit zu ihrem Dasein, sie finden sozusagen Nahrung darinnen. Sie würden mehr oder weniger in ihrer geistigen Wesenheit vertrocknen, wenn diese Nahrung nicht da wäre. Aber diese Bakterien werden von ihnen in gewisser Weise wiederum geschaffen. ...

Es schafft also der Mensch sozusagen durch Lüge, Verleumdung, Heuchelei ein Heer von geistigen Wesenheiten der Klasse der Phantome.

Verkehrte gesellschaftliche Maßregeln bringen Gespenster hervor

Auch mit dem Ätherleib ist es ähnlich, den der Mensch in der Nacht verlässt. Den hat er für sein Leben auch so eingerichtet, dass dieser Ätherleib als menschlicher Ätherleib nur bestehen kann, wenn er durchzogen ist von höheren Wesenheiten; wenn die eigene Astralität draußen ist, so tauchen jene Wesenheiten auch in den Ätherleib hinein. Das muss man festhalten! Dann aber wird es uns begreiflich erscheinen, dass durch gewisse Vorgänge unseres Seelenlebens Wirkungen erzielt werden im Ätherleib, die in der Nacht bleiben und Veranlassung geben, nach dem Muster des Ätherleibes, Wesen abzuschnüren von demjenigen, was sich hereinsenkt. Die Seelenvorgänge, die zu solchen Wesenheiten führen, sind Vorgänge, die bewirkt werden im menschlichen Zusammenleben durch dasjenige, was wir nennen können: schlechte Gesetze, verkehrte Maßregeln. Allerlei von dem, was durch gesetzmäßige Wirkungen Verkehrtes im Verkehr von Mensch zu Mensch die Seele erlebt, das wirkt auf die Seele so, dass in der Nacht im Ätherleib die Nachwirkung bleibt, die abschnürt diejenigen Wesenheiten, die wir Gespenster nennen. Das ist die zweite Art der Wesenheiten, die zu der Sorte gehört, die der Mensch schafft.

Falsche Ratschläge und Vorurteile bringen Dämonen hervor

Dann müssen wir bedenken, dass die Sache auch umgekehrt ist. Dasjenige, was herausgerückt ist in der Nacht, der astralische Leib, ist so organisiert, dass er darauf angewiesen ist, in dem Nervensystem drinnenzustecken; wenn er außerhalb ist, dann ist er nicht an seinem richtigen Ort. Dann muss auch er von höheren Welten aus versorgt werden, müssen sich mit ihm höhere, behütende Geister vereinigen. Und auch von diesen kann wiederum durch des Menschen Seelentätigkeit etwas abgeschnürt werden, durch eigentümliche Seelenvorgänge, dadurch, dass auf des Menschen Wesenheit dasjenige wirkt, was wir bezeichnen können etwa mit «einen falschen Ratschlag geben», falschen Ratschlag dem anderen aufzwingen, Vorurteile fassen, die nicht genügend begründet sind, den Menschen überreden, so dass man seine Seele so behandelt, dass man ihm nicht die Zustimmung überlässt, sondern ihn sozusagen zwangsmäßig zu einer Überzeugung treibt, der man selbst fanatisch zugetan ist.

Wenn so von Mensch zu Mensch gewirkt wird, dann bleibt in der Nacht im astralischen Leib eine Wirkung zurück, die von höheren Wesen abschnürt gewisse Wesenheiten, die wir zählen zu der Klasse der Dämonen. Sie werden erzeugt in der geschilderten Weise dadurch, dass die Menschen nicht einander gegenüberstehen mit der Gesinnung, die sich ausdrücken lässt mit den Worten: Ich will dem anderen sagen, was ich meine – ob er zustimmt, das ist seine Sache! – Hunderterlei Dämonen werden erzeugt am Spieltisch, bei dem Zusammensein, das man in deutschen Landen bezeichnet als Herrenabende, bei Kaffeeklatsch, wo tatsächlich die Gesinnung sehr selten herrscht, die aus innerer Toleranz kommt, wo jene Gesinnung herrscht, bei der sich der Einzelne sagt: Willst du nicht meiner Meinung sein, so bist du ein Dummkopf. – Dieses Wirken von Seele zu Seele ist dämonenerzeugend im höchsten Grade. So entspringen förmlich aus dem menschlichen Leben geistige Wesenheiten; die beleben die geistige Welt. Und alle diese Wesenheiten, Phantome, Gespenster und Dämonen wirken wiederum zurück auf den Menschen. Wenn in unserer Umgebung auftritt epidemisch dieses oder jenes Vorurteil, diese oder jene törichte Mode, dann sind es die Dämonen, die von Menschen geschaffen worden sind und die alle die gerade Fortschrittslinie aufhalten. Immer ist der Mensch umsponnen und umschwirrt von den Wesen, die er geschaffen hat.

Wirksamkeit in großem Zusammenhang von allem, was wir denken, fühlen und empfinden

Wir müssen uns dessen bewusst werden, dass alles, was wir denken, fühlen und empfinden, ebenso, und zwar im großen Zusammenhange bedeutungsvollere Wirkungen hat als dasjenige, was dadurch bewirkt wird, dass wir eine Kugel abschießen. Letzteres mag schlimm sein, wird aber nur für gefährlicher als jenes gehalten, weil es der Mensch mit groben Sinnen wahrnehmen kann, während er das andere nicht beobachtet.

QUELLENNACHWEISE

Erwähnte und zitierte Bände der Rudolf Steiner Gesamtausgabe (GA), Rudolf Steiner Verlag, Dornach (in Klam-
mern: aktuelle Auflage):

57 *Wo und wie findet man den Geist?* (1984)

73a *Fachwissenschaften und Anthroposophie* (2005)

94 *Kosmogonie* (2001)

96 *Ursprungsimpulse der Geisteswissenschaft* (1989)

97 *Das christliche Mysterium* (1998)

98 *Natur- und Geistwesen – ihr Wirken in unserer sicht-
baren Welt* (1996)

99 *Die Theosophie des Rosenkreuzers* (1985)

100 *Menschheitsentwicklung u. Christus-Erkenntnis* (2006)

107 *Geisteswissenschaftliche Menschenkunde* (1988)

116 *Der Christus-Impuls und die Entwicklung des Ich-
Bewußtseins* (2006)

120 *Die Offenbarungen des Karma* (1992)

127 *Die Mission der neuen Geistesoffenbarung* (1989)

143 *Erfahrungen des Übersinnlichen. Die drei Wege der
Seele zu Christus* (1994)

154 *Wie erwirbt man sich Verständnis für die geistige
Welt?* (1985)

177 *Die spirituellen Hintergründe der äußeren Welt. Der
Sturz der Geister der Finsternis* (1999)

185 *Geschichtliche Symptomatologie* (1982)

261 *Unsere Toten. Ansprachen, Gedenkworte und Medi-
tationssprüche 1906–1924* (1984)

266/1 *Aus den Inhalten der esoterischen Stunden. Gedächt-
nisaufzeichnungen von Teilnehmern. Band I: 1904–
1909* (2007)

312 *Geisteswissenschaft und Medizin* (1999)

313 *Geisteswissenschaftliche Gesichtspunkte zur Therapie*
(2001)

17 *Wenn man die heutige allopathische:* Vortrag Dornach,
    9. April 1920, GA 312, S. 379.

    Wir wechseln immer ab: Vortrag Dornach, 23. Dezem-
    ber 1922, GA 348, S. 141 f.

19 *Nun aber, wenn Sie solche Bazillen:* Ebd., S. 142 f.

20 *Der menschliche sowie auch:* Vortrag Dornach,
    23. Januar 1924, GA 352, S. 47 f. (Die heutige Emp-
    fehlung lautet: ca. 1 g pro 1 kg Körpergewicht.)

21 *Nun, die okkulte Forschung lehrt:* Vortrag Stockholm,
    17. April 1912, GA 143, S. 140 f.

22 *Wenn Sie durch die Straßen:* Vortrag Berlin,
    16. November 1908, GA 107, S. 124.

23 *Beine haben nur einen Sinn:* Vortrag Dornach,
    21. April 1924, GA 316, S. 149 f.

24 *Dass die Leute heute alles:* Ebd., S. 151.

    Man kann sagen, dass die Ansteckungsgefahr: Vortrag
    Dornach, 22. April 1924, GA 314, S. 286 f.

25 *Und die Pockenimpfung:* Ebd., S. 287 f.

27 *Nun, Ansteckung ist deshalb:* Vortrag Dornach,
    22. März 1920, GA 312, S. 44 f.

28 *Ich weiß nicht, ob viele:* Vortrag Dornach, 24. März
    1920, GA 312, S. 85–87.

30 *So sehen Sie, handelt es sich:* Vortrag Dornach,
    30. März 1920, GA 312, S. 203.

33 *Was nun in den Ätherleib:* Vortrag Stuttgart, 14. März
    1906, GA 97, S. 253.

    Wenn man sich über Gesundheit: Ebd.

34 *Nun drängt sich das:* Vortrag Berlin, 15. Oktober
    1906, GA 96, S. 111.

    Es wird zum Beispiel häufig gesagt: Vortrag Hamburg,
    18. Mai 1910, GA 120, S. 57–59.

36 *Am liebsten wird der heutige Mensch:* Ebd., S. 59 f.

37 *Nehmen wir an, jemand habe:* Vortrag Hamburg,
    19. Mai 1910, GA 120, S. 80 f.

38 *Nehmen wir einen andern eklatanten:* Ebd., S. 81 f.

39 *Wie steht es nun damit:* Vortrag Hamburg, 22. Mai 1910, GA 120, S. 150 f.

40 *Wenn in einer bestimmten Zeit:* Vortrag Hamburg, 25. Mai 1910, GA 120, S. 167 f.

41 *Nehmen wir an, eine ganze Anzahl:* Ebd., S. 169 f.

43 *Da kommen wir zu einem wichtigen:* Ebd., S. 171 f.

Denken wir uns also den Fall: Ebd., S. 174 f.

47 *All das, was man als Bazillenkräfte:* Vortrag Dornach, 14. Oktober 1917, GA 177, S. 162.

Aber wenn es wahr ist: Vortrag Dornach, 20. Oktober 1918, GA 185, S. 79 f.

48 *Glauben Sie denn, dass man wirklich:* Ebd., S. 80 f.

49 *Das logische und reine Denken:* Esoterische Stunde, Berlin, 1. November 1907, GA 266/1, S. 266.

Es gibt in unserem physischen Leibe: Vortrag Kassel, 9. Mai, 1914, GA 261, S. 13 f.

Nicht wahr, in Bezug auf gewisse Dinge: Ebd., S. 14.

50 *Nicht das wollte ich aber hervorheben:* Ebd., S. 14 f.

51 *Nun müssen wir, wenn wir eine solche:* Ebd., S. 15 f.

52 *Es gibt allerdings etwas:* Ebd., S. 16 f.

53 *Da sehen Sie, wie unberechtigt:* Ebd., S. 17 f.

54 *Wenn die Welt einmal die volle:* Vortrag Basel, 6. Januar 1920, GA 334, S. 43.

Nehmen wir einmal den Fall: Vortrag Dornach, 13. April 1921, GA 313, S. 56 f.

57 *Was wir heute von uns:* Vortrag Paris, 2. Juni 1906, GA 94, S. 65 f.

Der Materialismus in der Naturwissenschaft: Vortrag München, 30. Mai 1907, GA 99, S. 73.

58 *Das Karma wirkt sich ja aus:* Vortrag Kassel, 22. Juni 1907, GA 100, S. 96 f.

59 *Ein Zeitalter aber, das nur:* Ebd., GA 100, S. 98.

60 *So sehen Sie, wie man:* Ebd.

60 *Jede Nacht nimmt Besitz:* Vortrag München, 14. Juni 1908, GA 98, S. 238 f.

61 *Von besonderer Bedeutung sind:* Ebd., S. 239 f.

62 *Solche Phantome, die fortwährend:* Ebd., S. 240.

63 *Auch mit dem Ätherleib ist es:* Ebd., S. 240 f.
    Dann müssen wir bedenken: Ebd., S. 241 f.

64 *Wir müssen uns dessen bewusst werden:* Ebd., S. 242.